世界の文様切り紙

上河内 美和 著

目次

文様を切る楽しみ 4
切り紙で楽しむ、世界・文様の旅 8

切り紙の基本テクニック 10

まずは道具を揃えましょう 10
はさみについて 11
カッターについて 12
紙の選び方 12
はさみとカッターの使い方 13
　穴を開ける1 —— 先端を紙に刺す
　穴を開ける2 —— つまんで切る
　穴を開ける3 —— 切り込みを入れる
　カッターで切る時のポイント

じっさいに切ってみましょう 14
型紙を使って切る 14
　型紙をコピーして使う
　トレースする場合／スプレーのりを使う
紙の折り方 16
　二つ折り・四つ折り／三角形折り
　四角形折り／五角形折り／六角形折り
　七角形折り・十四角形折り／八角形折り
　十角形折り／十二角形折り
いろいろな折り方 22
　2種類以上の折り方を組み合わせる
　連続した文様を切る

古代の文様 24

古代エジプト 26
目／フクロウ／スカラベ／ロータス

メソポタミア 29
ロゼット／有翼の獅子／ロータス

古代ギリシャ／ローマ 32
グリフィン／イルカ／パルメット
スヴィスティカ（卍）／ギローシュ
メアンダー

ナスカ 37
コンドル

アジアの文様 38

インド 40
タントラアート／蓮花文様
タージ・マハル／イティマッド／象

ベトナム 48
植物文様

ネパール 50
魚

中国 52
円寿／双喜／五福臨門／龍
鳳凰／盤長／雲文／雷文／波頭文

韓国 60
格子文様／太極八卦

日本 62
ぽち袋／梅／夏草―沢潟（おもだか）
竜胆（りんどう）／扇／鶴／雲／雷

文様切り紙を楽しむ
暮らしのアイデア ······ 70
文様の咲く水盤
微風にゆらめく、ハンギングスタイル
フレームとの組み合わせで
ちょっと特別なインテリアに
ほのかな明かりに浮かぶ格子文様
デスクまわりにも、
さり気ないギフトにも文様のアクセント
美味しい時間を演出する
切り紙のテーブルデコレーション
アイロンプリントでオリジナル雑貨が誕生

イスラムの文様 ······ 88
幾何学文様／アラベスク

ヨーロッパの文様 ······ 92
ビザンチン・中世 94
アカンサス／鳩／双獣文
植物文様／植物連続文様／ギローシュ
ルネサンス 98
ルネサンスの唐草文様
百合／レース文様
ロココ 100
ロカイユ／カルトゥーシュ
アールヌーボー 102
ツバメ／飾り罫／アールヌーボーの花

民族に伝わる文様 ······ 106
アフリカ 108
手染め布／草ビロード
アイヌ 110
丸盆／角盆／衣装
北方民族 113
渦巻き紋／船
南太平洋の島々 114
ココッラ／盾／ティキ
ハワイ 116
モンステラ／パームツリー
パイナップル／ハイビスカス
アメリカ大陸 118
花重ね模様／花文様／サボテン／ヘビ
ワニ／ウミツバメ／鳥文様／トウモロコシ
豆／トウガラシ／コヨーテ／猫

コラム
古代文明は文様のゆりかご 26
神様も幸福も象に乗って 47
奔放に流れる線にこめられたもの 102
コタンの文様生活 110

コピーして使える型紙集 ······ 123

著者紹介／参考書籍 ······ 142

※本書の文章は、すべて編集者によるものです。

文様を
切る楽しみ

誰にでも気軽に始められて、でも意外なほど奥の深い切り紙。オリジナルの図案を考えるのもひとつの楽しみ方ですが、型紙に添って切るだけで、おどろくほどきれいな作品ができあがる喜びは、切り紙ならではの醍醐味です。
文様もまた、一定の様式や「型」に添って描かれ、長い間に洗練されてきたもの。まさに切り紙にぴったりの題材です。古来から愛されてきた形を切り出すことで、伝統に裏打ちされた美しさを実感してください。

パルメットと呼ばれる植物のモチーフは、古代ギリシャから伝わったもの。扇のように並んだ葉と渦巻き文が特長です。
14——パルメット2
作り方は **34** ページ
型紙は **126** ページ

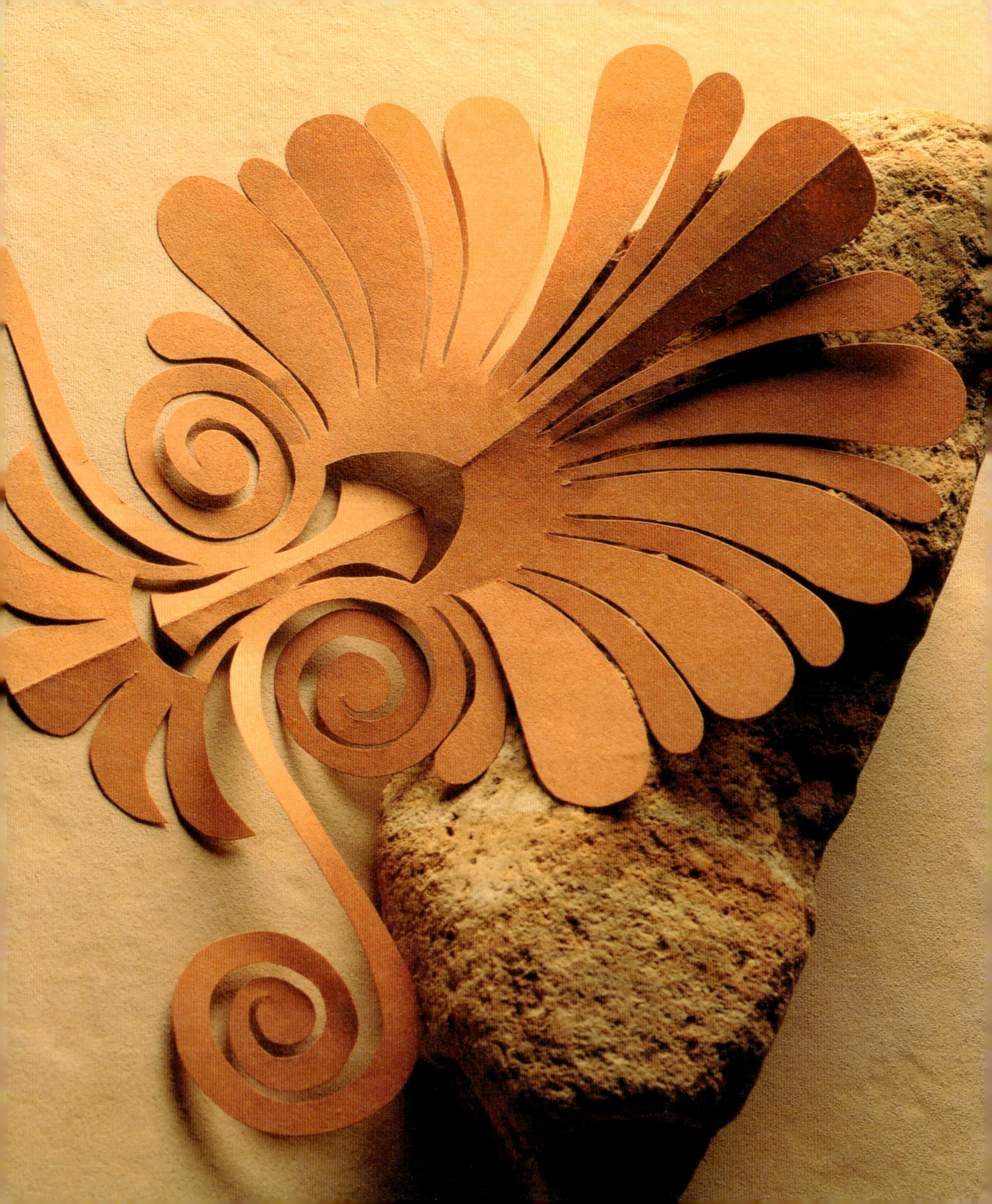

文様のモチーフには、花や植物のほか、動物や鳥、魚など身近な生き物もたくさん描かれています。

30—魚
作り方は **50** ページ
型紙は **129** ページ

中国では「剪紙」という伝統切り紙が庶民の間で親しまれてきました。剪紙では、とくにおめでたい形やモチーフが好んで使われます。

38—盤長
作り方は **59** ページ
型紙は **131** ページ

デコラティブな植物文様は、まさに
ヨーロピアン・エレガンスの神髄。
小さな作品でも見とれるほどきれい
です。

59—アカンサス
作り方は **94** ページ
型紙は **134** ページ

切り紙で楽しむ、世界・文様の旅

　私たち人類は、文字や数字よりもずっと早くから、絵や図形を描いてきました。できごとや情報を伝えるため、あるいは祈りや願いをこめて。そうして描かれた形がやがて様式化され、文様として次の世代に、また近隣の地域へと伝えられてきたのでしょう。世界には、文字を持たない文化はあっても、およそ文様を持たない文明というのは、歴史上なかったのではないでしょうか？

　世界中のさまざまな伝統文様はそれぞれに特徴的で、地域や時代、民族文化の香りの元…エッセンスのようなものでもあります。しかも、同じモチーフが時代と共により洗練されたり、国から国へと伝えられる間に変化したり。たとえば唐草文様ひとつでも、古代ギリシアからヨーロッパやオリエント、インド、日本にまで広がり、華麗に、また大胆に変化しています。

　そんな歴史と文化に磨かれた形を、切り紙に。王侯貴族の宮殿を飾る壮麗な文様も、自分の手で切ってみれば、ぐんと身近に感じられるものです。裏を返せば、文様切り紙は、一枚の紙から遠い時代やはるかな国へと想いをめぐらせる、イメージ旅行のようなものかもしれません。

　難しいことは抜きにして、はさみを手に、時空を超えた文様の旅に出かけてみませんか？

↑オーストラリアの先住民アボリジニの工芸品。アボリジニの人々は、17世紀まで石器時代の伝統生活を守ってきました。

→ニューカレドニアのカップルが腰に巻いている布は、ポリネシアの神様ティキの姿が染め抜いてあります。

南太平洋の島々にも、こうしたアウトリガーカヌーで人々は乗り出し、文化を伝え広めてきたのでしょう。

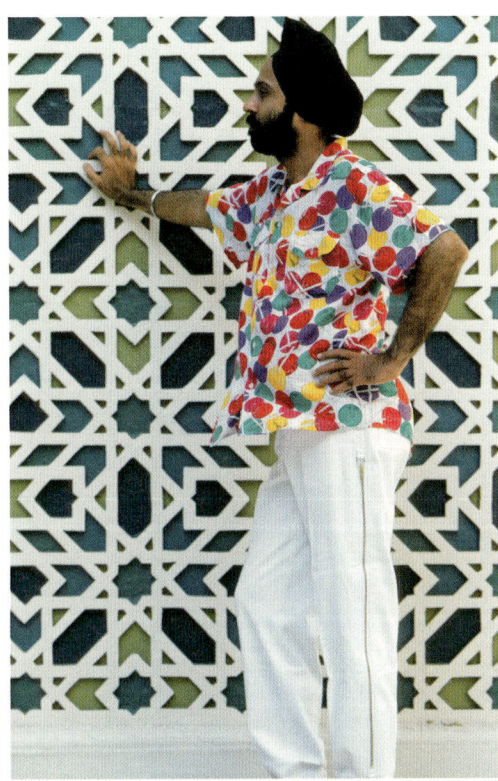

←文様は、その街の風景に独特の表情を与えます。モザイク技術に端を発するといわれる幾何学文様の壁が美しいインドの街の一角。

↓上・なにげなく通り過ぎている日常の中にも、そこかしこに文様が。この精緻な幾何学文様は、日本のホテルのエレベーターの床面。

↓下・インドの住宅の壁面を飾る植物文様。

同じ植物文様でも、中国や日本では細かな葉が簡略化されてタコの吸盤のような図案に。「蛸唐草」と呼ばれる文様になります。

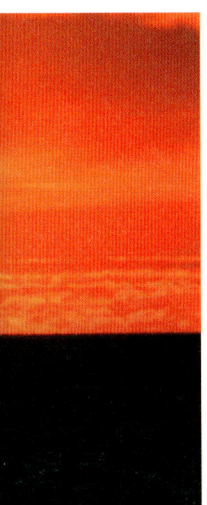

9

切り紙の基本テクニック

紙とはさみさえあれば、誰でも楽しめるのが切り紙の魅力。
はさみと紙の選び方、切り方や折り方のコツを知っていれば、初めてでも、
型紙を使って複雑な文様を切ることができます。
この章でご紹介する基本的なテクニックを覚えて、世界の文様を自分の手で切ってみましょう。

まずは道具を揃えましょう

必要なもの、あると便利なものをリストアップしました。

必ず使うもの

はさみ　使いやすいはさみを選ぶことが大切。次のページで詳しく説明しています。
カッター　図案によっては、カッターとはさみを使い分けます。12-13ページで詳しく説明しています。
紙　さまざまな厚みのものがあります。図案とその作り方に合わせて選びましょう。

あると便利なもの

ホッチキス／クリップ　型紙をコピーして使う際に、型紙を紙に固定できます。
スプレーのり　ホッチキスの代わりとして、型紙を紙に貼り付けることで安定させることができます。
カッティングボード　カッターを使う際は、机などを傷つけないために下に敷きます。
その他　トレーシングペーパー、鉛筆など

はさみについて

指穴
指を入れる穴もいろいろな大きさのものがあります。手になじむもの、使いやすいはさみを選びましょう。

刃の長さ
中心のねじから刃先までの距離があると、思い通りにはさみを動かしづらくなります。ねじから先端までが4〜5cmくらいが使いやすいでしょう。

刃先
短めの線や細かな切り込みには、刃の先端から中ほどを使います。よく研いであることが大切ですが、刃が薄すぎると切る力が弱くなります。

ねじ
中心のねじは、はさみの要です。ゆるむとガタつきの原因になります。

左・写真左は研ぐ前、右は研いだ後の刃先。右・長めの線はねじに近い刃元で、短めの線や、ちょっとした切込は先端〜中ほどで切ります。

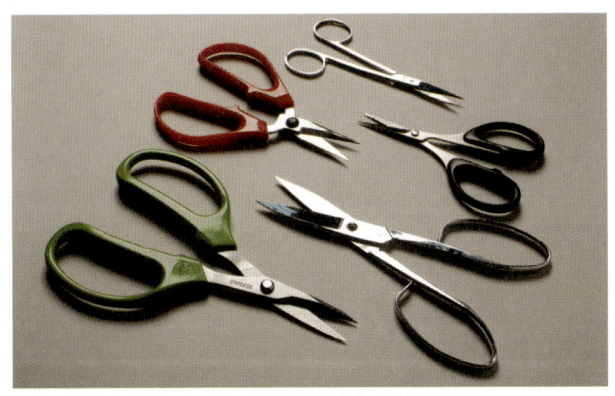

はさみはどれもデリケートです。落としたり上に物を置くのは禁物。

　基本的には自分の手に合って、切りやすければ、どんなはさみを使ってもかまいません。が、本書の図案を切る上で、以下のようなポイントがあります。

先端が鋭利であること　直接紙に切り込みを入れたり、穴を開けることができ、切りやすくなります。最初から先端が鋭利なものを選ぶか、刃物店などに研ぎに出すことをおすすめします（巻末に刃物店の参考情報掲載）。

形・サイズ　手の大きさや指の長さ、またクセなどによって合う形・大きさは異なりますが、作りたい図案と使う紙によっても違ってきます。大きさよりも紙を切る「力」のあるものを選びましょう。特に紙を何度も折って切る場合、かなりの力が必要です。刃先での細かな作業には、中心のねじ元から刃先や柄までの距離が短いものが扱いやすくおすすめです。

カッターについて

　基本的にははさみとカッター、どちらで切ってもかまいませんが、カッターはよりシャープな印象に仕上がります。事務用カッターでも切れますが、やはり細かな作業がしやすいデザインカッターがおすすめです。

　切る時のポイントとして、手前に引くように切ること、刃をこまめに取り替えることはぜひ覚えておいてください。

上がデザインカッター。必ずカッティングボードなどを敷いて使いましょう。

紙の選び方

　紙もまた、こうでなければという決まりはありません。作りたい図案に合わせて選びましょう。本書の作品で使用している紙は、おもに下記のものです。

そのまま切る図案／二つ折りの図案　主としてマーメイド紙、キャンソン・ミ・タント紙とよばれる中厚の洋紙。

折りたたんで切る図案　色和紙、「典具紙（てんぐし）」「雁皮（がんぴ）」などの薄手の和紙（巻末に和紙店の参考情報掲載）、包装用の薄紙など。

4回以上折りたたんだものを切る場合、一般的な色和紙や折り紙だとかなり力が必要になります。本書の作品で、特に折る回数の多いものは、おもに「典具紙」「雁皮」と呼ばれるごく薄い手漉きの和紙を使いました。同じ名称の紙でも、機械漉きか手漉きかで質感に違いがありますが、手漉きはかなり高価でもあります。練習用には別の手頃な紙を使い、手漉きは作品を作るときに使うことをおすすめします。

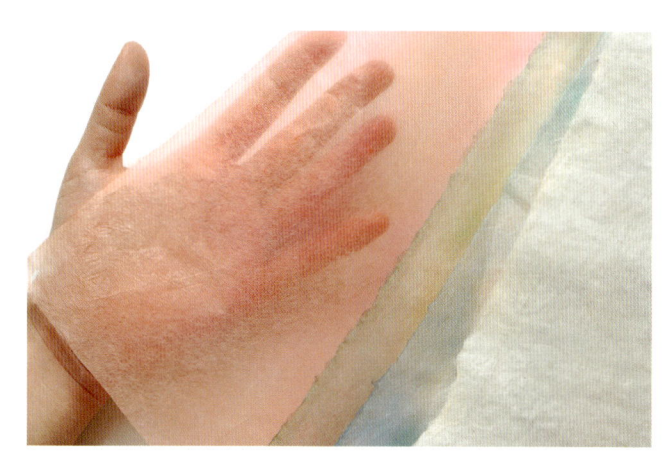

典具紙はごく薄い紙ですが比較的丈夫です。また、中には切りにくいものもあります。質の良いものを選びましょう。

包装用の薄紙は、あまり丈夫とはいえませんが、薄さは十分です。

はさみとカッターの使い方

穴を開ける 1 ── 先端を紙に刺す

1. 親指と人差し指ではさみの先端を差し込む部分をしっかり抑えます。

2. 指を刺さないよう注意して、はさみの先端を貫通させます。

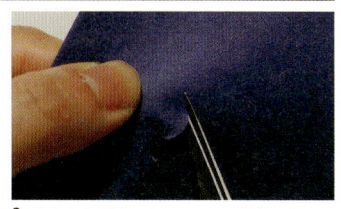

3. 小さな穴が開いたらはさみの先端を差し入れ、切ってゆきます。

穴を開ける 2 ── つまんで切る

1. 穴を開けたい部分を軽くつまみます。

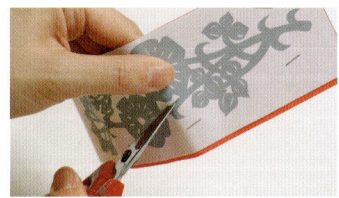

2. はさみの先端が入るくらいの切り込みを入れ、はさみを差し入れます。

3. 小さな子供さんや先端がとがったはさみがない場合は、ぜひこの方法で。

穴を開ける 3 ── 切り込みを入れる

1. 穴を開けたい部分に向かって切り込みを入れます。

2. 穴を切り抜いてゆき、最初の切り込み部分に戻ります。

3. はさみを抜くと、切り込み口は目立たなくなります。

カッターで切る時のポイント

1. 図案の内側の細部から切り始め、後で大きな部分を切ります。

2. 穴を開ける時は、穴の形に添って切り込みを入れ…

3. 刃の先で穴部分の紙を刺して外します。

13

じっさいに切ってみましょう

ここからは本書の図案を切るための基本的な方法をご紹介します。
下記のポイントに注意しながら、お好みの図案を切ってみてください。

- はさみではなく、紙を切りたい方向に動かします。
- 無理な体勢で切っていると感じたら、
  はさみを違う方向から入れなおしたり、
  紙の裏表を変えるなどして、
  切りやすい方法で制作しましょう。
- 紙全体に図案が納まるよう、切り始める前に、
  図案をどう配置するかを考えてから切りましょう。

型紙を使って切る

型紙をコピーして使う　　　　　　　　　　ここでは紙を四つ折りにして切る図案を例にしました。

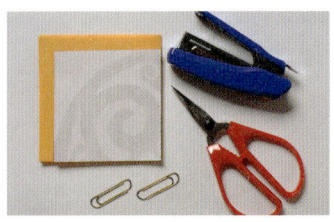

1. 好みの大きさにコピーした型紙と紙、ホッチキスとクリップを用意。

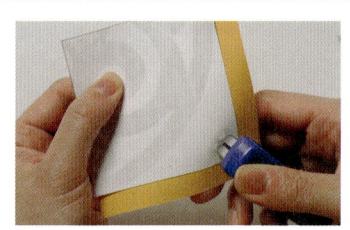

2. 折った紙と型紙を合わせ、余白部分を数カ所ホッチキスで留めます。

3. 図案の内側から、白い部分を切ってゆきます。

4. 紙を切りやすい向きに回転させながら切りましょう。

5. ずれやすくなった部分は、クリップで留めます。

6. クリップの位置も、切り進めながら、適宜変えてゆきます。

7. 内側を切り落としたら、最後に輪郭を切ります。

8. 型紙と同じ形に切れました。

9. 開くと、アイヌ文様のできあがり（作り方は110ページ）。

トレースする場合

原寸大で切りたい場合、またコピーした型紙を何度も使いたい場合などは、トレーシングペーパーに写し取れば型紙と同様に使えます。写す際に、下記のようなスプレーのりで固定すると便利です。また、フリーハンドで直接、紙に描き写す方法もあります。

スプレーのりを使う

型紙がしっかりと固定され、カッターで切る時にもおすすめです。

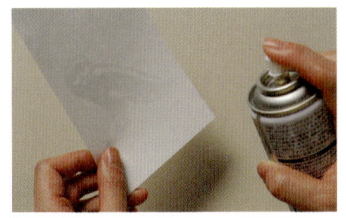

1. コピーした型紙の裏に、スプレー式ののりをごく少量吹き付けます。

2. 大きさ、位置をよく見極めて、紙に軽く貼付けます。

3. まず、扱いやすい大きさに切り取ります。

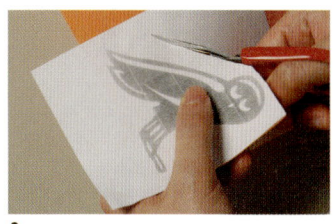

4. 細かな部分から先に切り、最後に輪郭を切り落とします。

5. 紙を破かないよう、そっと型紙をはがします。

6. できあがり。のりをつけすぎると型紙がはがれなくなるので注意。

紙の折り方

少しを切るだけで、思いがけなく豪華な作品になる。
紙を折りたたんで切る方法は、ちょっとした魔法のようです。
正方形の紙を使った多角形折りを中心に、
基本となる折り方を知っておきましょう。

二つ折り／四つ折り
左右対称の安定感のある図案は、伝統文様にも多く見られます。

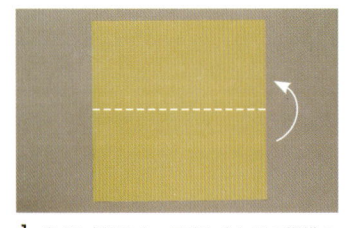

1. 半分に折ります。図案に合わせて縦横の比率などは変えてください。
2. さらに半分に折ると四つ折りになります。 
3. 図案の形によって、対角線で折り、三角形にする場合もあります。 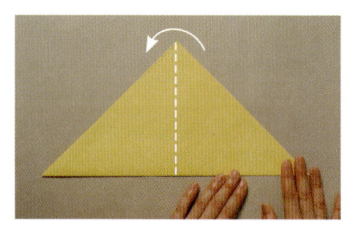

三角形折り
三角形の図案を作ることができます。ここから六角形折り、十二角形折りにもなる基本形。

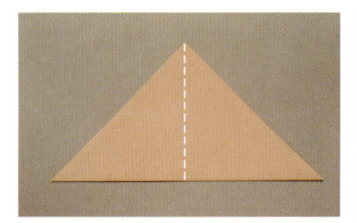

1. 二つ折りで三角形を作り、さらに点線部分を軽く折り、半分にします。
2. 中心点（写真左手の人差し指先）のみ折り目をつけます。 
3. 一度開き、中心点から右の辺を矢印方向に半分に軽く折ります。 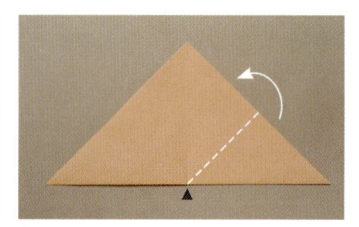
4. 右辺の中心点（写真右手の人差し指先）に折り目をつけます。 
5. 再び開き、4. でできた折り目を確認します。 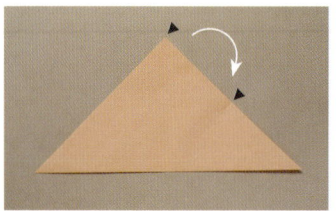
6. ▼同士を合わせるように軽く折り目をつけます。

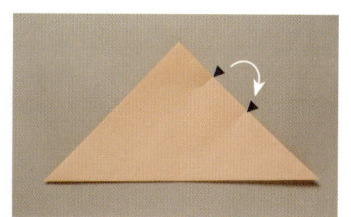

7. また開いて、5. でできた折り目と右辺の中心点（▼同士）を確認します。

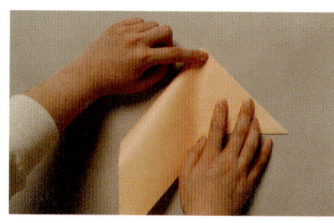

8. ▼同士を合わせるように軽く折り、折り目をつけて開きます。

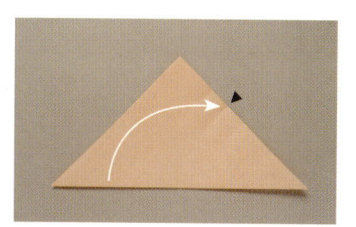

9. 底辺の中心点を起点に、7. でできた折り目（▼）に底辺を合わせます。

10. 今度はしっかりと折ります。

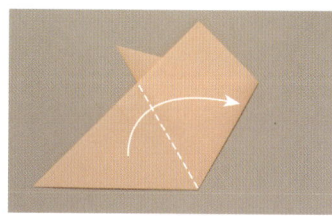

11. 裏返して反対側の辺も、点線に添って谷折りにします

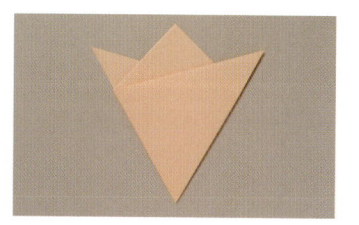

12. 三角形折りのできあがりです。

四角形折り

多角形折りの中でいちばん覚えやすい折り方です。

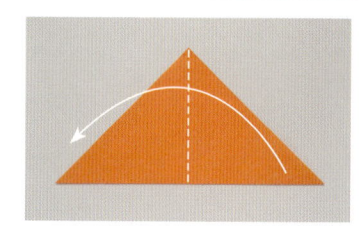

1. 二つ折りで三角形を作り、さらに点線に添って半分に折ります。

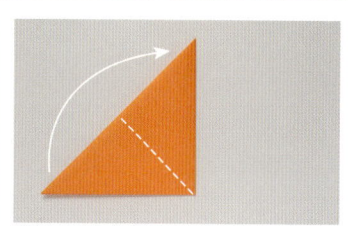

2. 4枚重ねになった上の2枚だけを点線に沿って半分に折ります

3. しっかりと折ったら、裏返して残りの2枚を同様に折ります。

4. 上から見るとじゃばら状になっています。

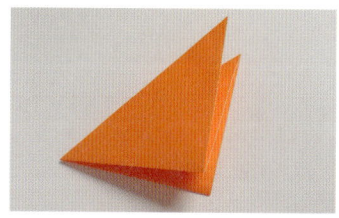

5. 四角形折りのできあがり。

五角形折り

五角形の図案を作るための折り方です。

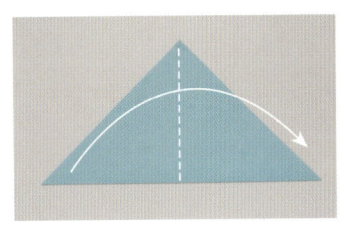

1. 二つ折りで三角形を作り、さらに点線部分を軽く折り、半分にします。

2. 中央部分（写真の左手中指先）のみ折り目をつけて目印にします

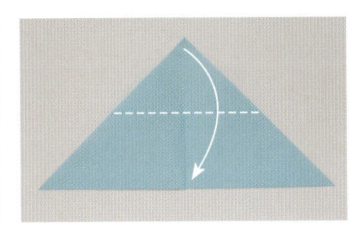

3. いったん開き、今度は点線に沿って縦半分に軽く折ります。

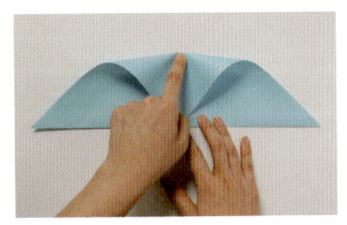

4. 中央部分（写真の左手人差し指先）のみ折り目をつけて再度開きます。

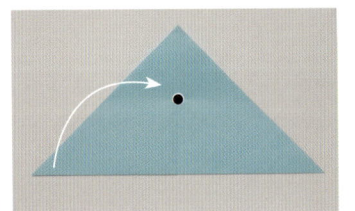

5. 2つの折り目の交差点（●部分）に左角を合わせます。

6. 合わせた角を抑えながら、左辺に折り目をつけます

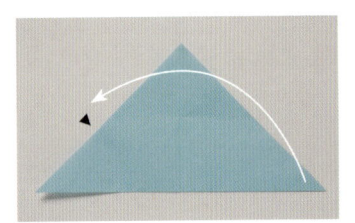

7. 再び開いて、できた折り目（▼）に右角を合わせ、折ります。

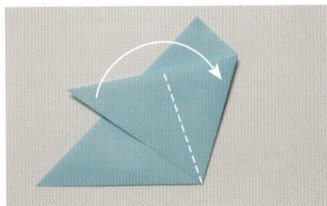

8. 折った部分を、点線に沿って半分に折り返します。

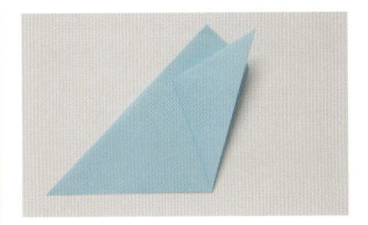

9. このような形になります。

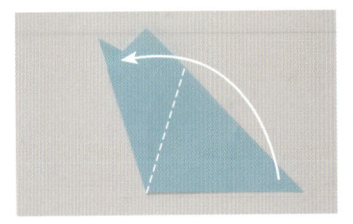

10. 9.を裏返し、8.の折り返し線（点線）に沿って折ります。

11. 折り返した部分を、もう一度半分に折り返します。

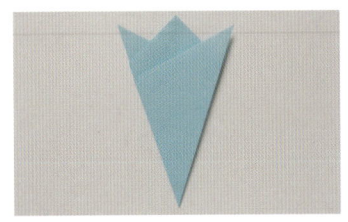

12. 五角形折りのできあがりです。

六角形折り

16ページの三角形折りをマスターすれば簡単に応用できます。

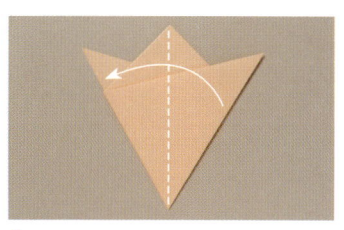

1. 三角形折りの形を作り、上2枚を点線に沿って半分に折ります。

2. このような形ができたら、次に裏返して…。

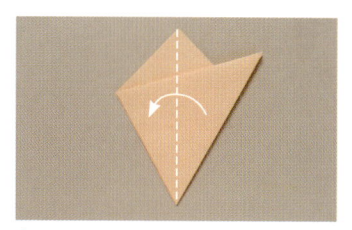

3. 右側部分すべてを中心線（点線）に沿って折ります。

4. このような形になります。

5. 六角形折りのできあがり。

七角形折り

経験に頼る部分もありますが、何度か作ると感覚がつかめるでしょう。

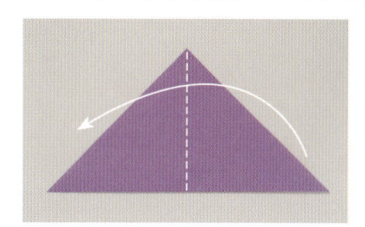

1. 二つ折りで三角形を作り、さらに点線部分を軽く折り、半分にします。

2. 中心点（写真右手の人差し指先）に折り目をつけて、開きます。

3. 中心点を起点に、左角を頂点に合わせるように折り、印をつけます。

4. 底辺を3.でつけた印に合わせて軽く折り、もう1つ印をつけます。

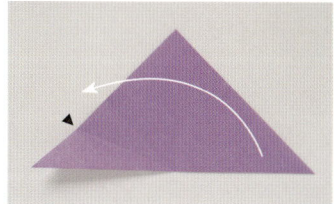

5. 左辺の1／4のところに折り目の印ができました（▼）。

6. 中心点を起点に、右の底辺を、5.の▼よりやや上に合わせるように折ります。

→次のページへ

→七角形続き

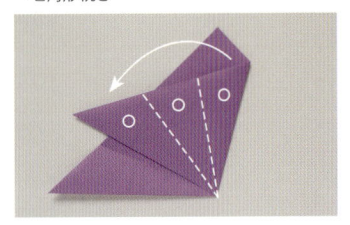

7. おおむね三等分を目安に、右の○と中央の○を合わせるように折ります。

8. 下2枚を残し、写真のように開きます。

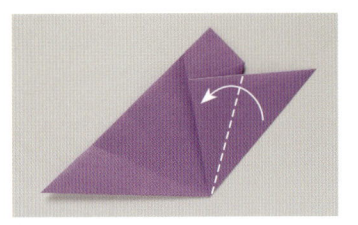

9. 上2枚を点線に沿って折ります。

10. このような形になります。

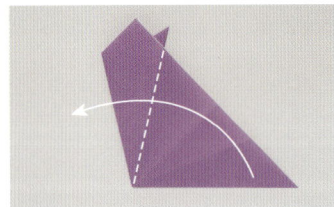

11. 裏返して、右側を点線に沿って折り返します。

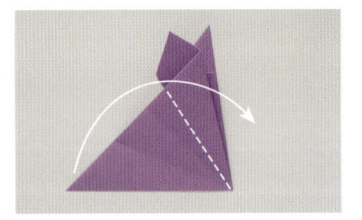

12. 点線に沿って、左から右へ折ります。

十四角形折り

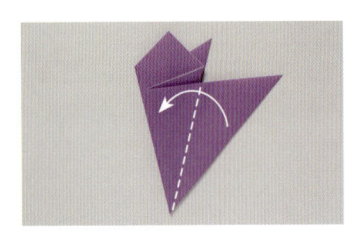

13. さらにもう一度、飛び出した部分を点線に沿って折り返します。

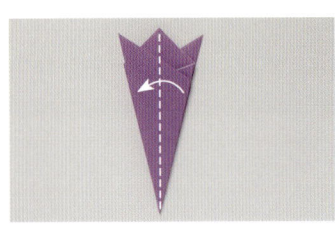

14. 七角形折りのできあがり。これを半分に折ると…。

15. 十四角形折りになります。

八角形折り

17ページの四角形折りから簡単に作ることができます。

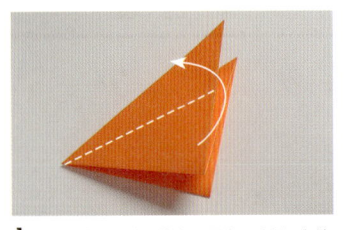

1. 四角形折りの上4枚を、写真のように点線に沿って半分に。

2. このような形に折ります。

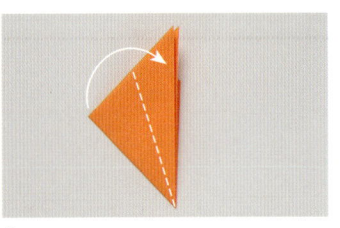

3. 裏返して残りの4枚も同様に、点線に沿って折ります。

4. 四角形折りの半分になりました。

5. 八角形折りのできあがりです。

十角形折り

18 ページの五角形折りから作ります。折る回数が多いので薄い紙が切りやすいでしょう。

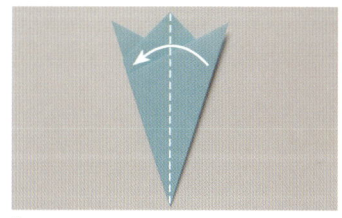

1. 五角形折りの状態から、上4枚を点線に沿って半分に折ります。

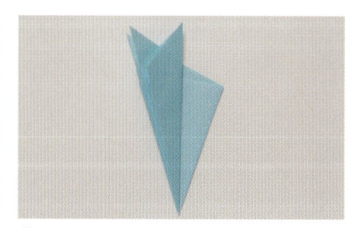

2. このような形になります。

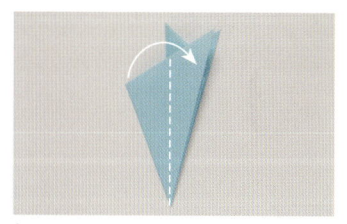

3. 裏返して、残りの4枚を点線に沿って半分に折ります。

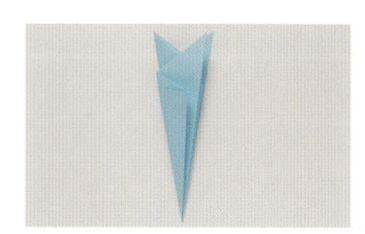

4. 十角形折りができました。

十二角形折り

19 ページの六角形折りから作ります。薄くて丈夫な紙を使うことをおすすめします。

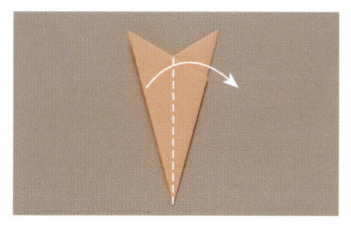

1. 六角形折りのこの状態から、左側上4枚を中心線から右に折ります。

2. このような形になったら、裏返します。

3. 右側4枚を中心線から左におり返せば、十二角形折りの完成です。

いろいろな折り方

2種類以上の折り方を組み合わせる

折って切ったものを開き、また別の折り方で切ることにより、より複雑で華やかな文様を切ることができます。ここでは、40ページの図案19—タントラアートを切ってみましょう。

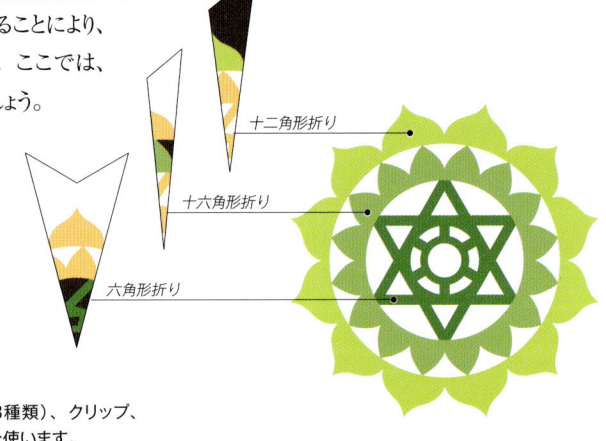

十二角形折り

十六角形折り

六角形折り

型紙のコピー（3種類）、クリップ、正方形の典具紙を使います。

■十二角形折り

1. まず十二角形折りから始めます。

2. クリップで型紙を留め、型紙の濃色部分の外側を切り落とします。

3. 開くと外側の花びらができています。

■十六角形折り（八角形折りの半分）

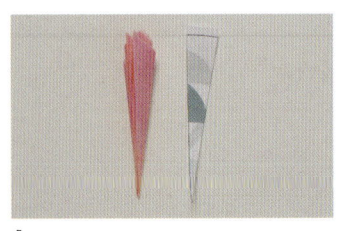

1. 今度は八角形折りにし、さらに半分の十六角形折りにします。

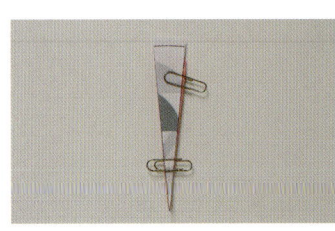

2. クリップで2番めの型紙を留めます。

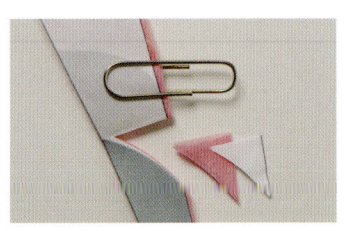

3. 濃色部分の上を型紙に添って切り落とします。

■ 六角形折り

1. もう一度開くと2段目の花びらができています。

2. 最後に六角形折りにして…。

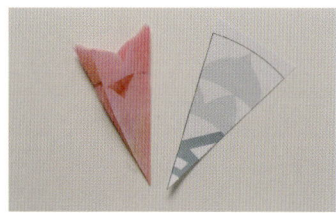

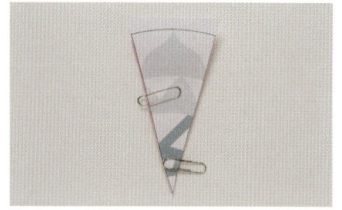

3. 型紙をクリップで留めます。

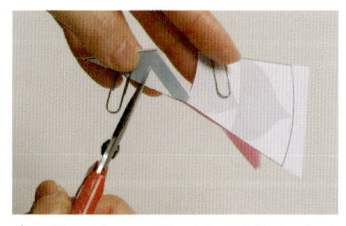

4. 型紙に添って、残った部分を慎重に切り落とします。

5. すべて型紙通りに切れました。

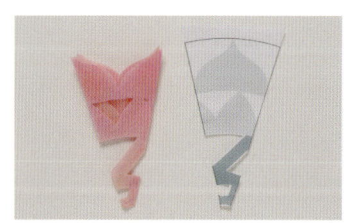

6. 開くと、華やかなタントラアートのできあがり。

連続した文様を切る

アコーディオンのようなじゃばら折りにすることで、連続文様を作る方法です。

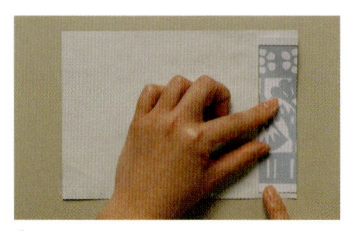

1. 天地が型紙より少し大きめの、横長の紙を用意します。

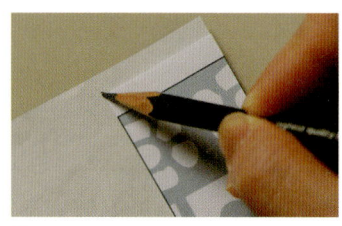

2. 紙のはしに型紙を合わせて、型紙の横幅に合わせて印をつけます。

3. 2. の印の幅で、山折り・谷折りを交互に繰り返します。

4. 折り終えたら型紙をホッチキスで留めます。ここでは6回折りました。

5. 中央の細かな部分から切ってゆきます。

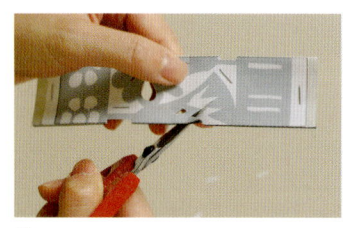

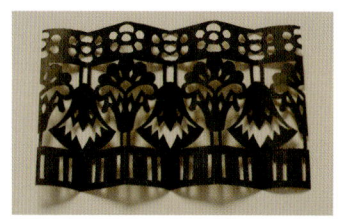

6. ロータスの連続文様ができました。

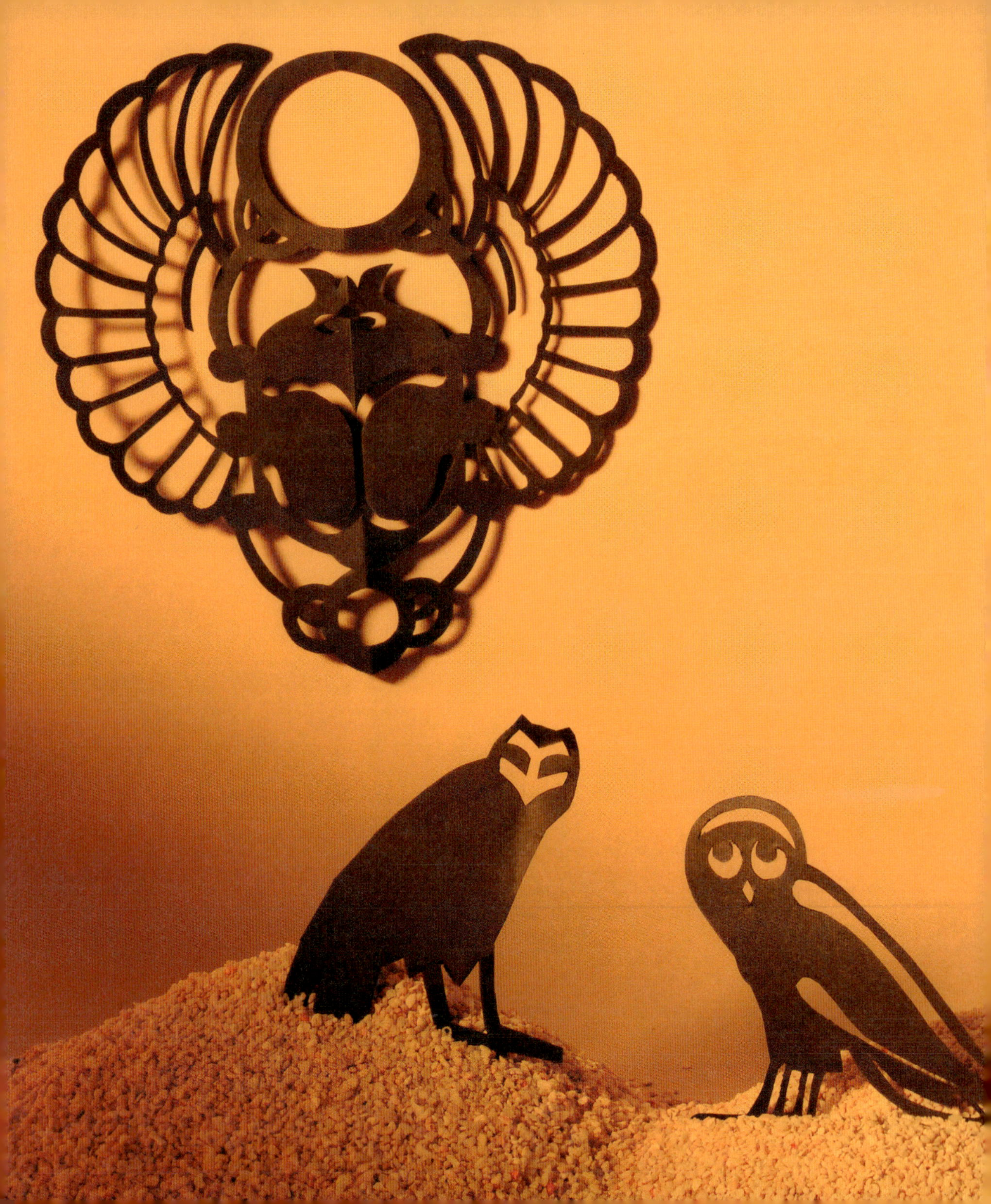

古代の文様

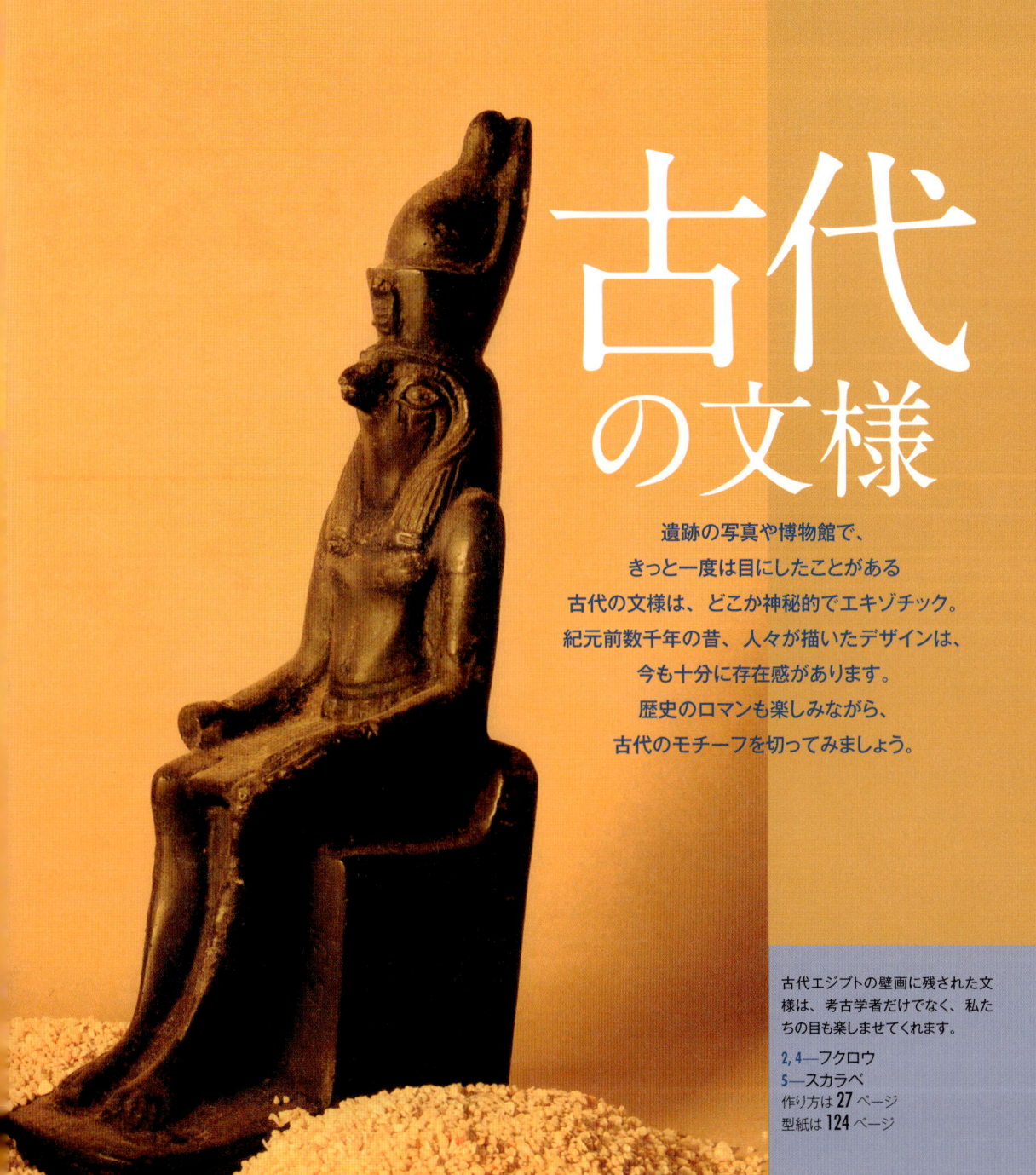

遺跡の写真や博物館で、
きっと一度は目にしたことがある
古代の文様は、どこか神秘的でエキゾチック。
紀元前数千年の昔、人々が描いたデザインは、
今も十分に存在感があります。
歴史のロマンも楽しみながら、
古代のモチーフを切ってみましょう。

古代エジプトの壁画に残された文様は、考古学者だけでなく、私たちの目も楽しませてくれます。

2,4 ─ フクロウ
5 ─ スカラベ
作り方は **27** ページ
型紙は **124** ページ

25

古代文明は文様のゆりかご

唐草文様やロータスなどの植物文様も、動物の文様も、そして円形や連続文様も、多くは古代文明に源流があるといわれます。その土地土地の身近な動植物がモチーフになることが多く、様式化、抽象化されて、形を変えて伝わってきました。たとえば、棕櫚（しゅろ）の文様から生まれたパルメットは、さらに装飾的に様式化され、ヨーロッパの華麗な植物文様に発展します。また一方で、卍文様のように、古代ギリシャでは太陽の光を表すものであり、さらにその語源はサンスクリット語であり、仏教の吉祥文であり…と、古代から地域を越えてグローバルに存在していたものも。さらに、古代文様は、モチーフひとつひとつの意味や背景にも興味は尽きません。

大英博物館に展示された古代エジプトのレリーフ。象形文字ヒエログリフも、文様の洗練された姿といえます。

古代エジプト

5000年前のデザインは
今も力強く、印象鮮やか。

1—目

古代エジプトといえば、アイラインがくっきりと引かれた美しい目。古代エジプトのこうした化粧法はアイシャドーの起源といわれ、かつては魔除けや虫除けの意味もあったともいわれます。

作り方
- そのまま切る
  型紙に合わせて、はさみかカッターでそのまま切ります。
- 紙：上質紙
- 型紙は124ページ

2—フクロウ1

エジプトの象形文字ヒエログリフに登場するフクロウ。この図案は、紀元前1360年頃に作られたラモーセ地下墓室のレリーフから。

作り方
- そのまま切る
  型紙に合わせて、はさみかカッターでそのまま切ります。顔の部分のみ二つ折りも可能。
- 紙：上質紙
- 型紙は124ページ

3—ロータス1

ロータスはスイレンのこと。太陽神信仰が盛んだった古代エジプトでは、曙光を受けて花が開くことから、スイレンを復活・再生の象徴としていました。

作り方
- 二つ折り
  各色を二つ折りで切り、組み合わせます。
- 紙：色和紙（4色とも）
- 型紙は124ページ

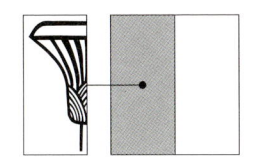

4—フクロウ2

ヒエログリフでは、フクロウは「m」の音を表します。左のものとはまたひとあじ違う、どこかユーモラスな表情に仕上げてみました。

作り方
- そのまま切る
  型紙に合わせて、はさみかカッターでそのまま切ります。
- 紙：上質紙
- 型紙は124ページ

5—スカラベ

スカラベとは甲虫、日本ではフンコロガシなどと呼ばれますが、古代エジプトでは聖なる虫。創造神の象徴としてあがめられ、壁画やレリーフに描かれています。

作り方
- 二つ折り
- 紙：ミ・タント紙
- 型紙は124ページ

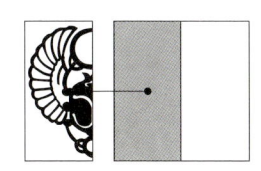

6 — ロータス2

ロータスは連続文様としても多く描かれました。「連続文様」という様式もまた、古代エジプト発祥のものといわれます。

作り方
- じゃばら折り
  6回折り。8回折ると厚くなりすぎ切りづらくなります。
- 紙：色和紙
- 型紙は124ページ

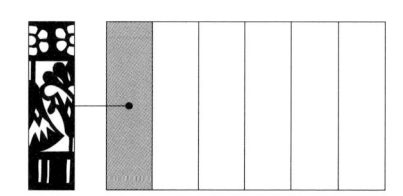

メソポタミア

チグリス、ユーフラテス川の恵み豊かな
世界最古の文明を彩った、壮麗な文様たち。

7—ロゼット1

満開の花のような円形文様ですが、ロゼットは、じつは花ではなく太陽の光を表しているといわれます。作品は直径23.5cmと大きめのサイズです。

作り方
- 十二角形折り
- 紙：画仙紙
  画仙紙は書道専門店などで入手可能です。
- 型紙は125ページ

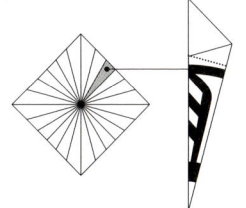

8—ロゼット2

ロゼットは、メソポタミアからエジプト、ギリシャ、ローマ、ペルシャへと広く伝わりました。作品は韓紙というごく薄い韓国の紙を使いました。

作り方
- 十二角形折り
- 紙：韓紙（韓国の手漉き紙）
  写真は外国の紙ですが、十分な薄さと丈夫さがあれば、どんな紙でも利用できます。
- 型紙は125ページ

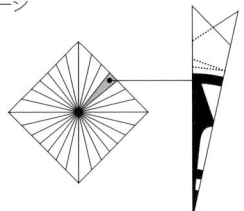

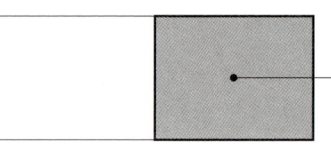

9—有翼の獅子

壮大で力感あふれるアッシリア帝国の獅子文様。左右対称に動物を配置した図案は「双獣文」と呼ばれ、また、鷲の翼を持つ獅子〜グリフィンは聖獣として好んで描かれたといいます。

作り方
●二つ折り
●紙：色紙
●型紙は 125 ページ

10—ロータス

古代エジプトからメソポタミアに伝わったロータス文様は、神に捧げる文様となりました。一般的な連続文様では、開いた花とつぼみが交互に並びます。

作り方
●じゃばら折り
　6回折り。
●紙：色和紙
●型紙は 125 ページ

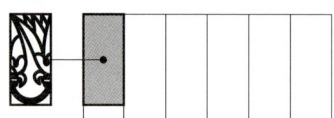

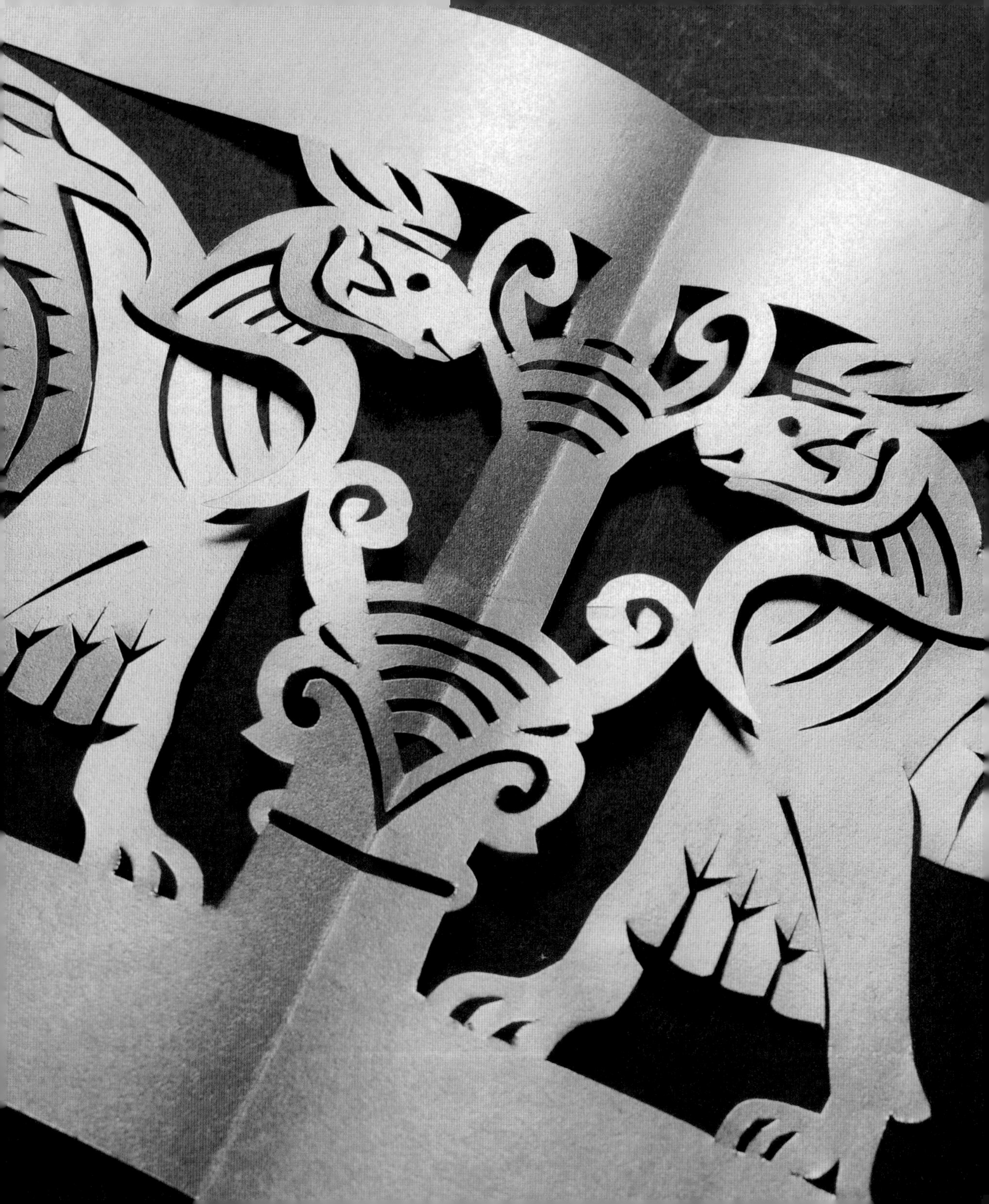

古代ギリシャ／ローマ

クレタ・ミケーネからローマまで、
地中海沿岸に花開いた美術の豊かさを満喫して。

鷲の頭と翼を持つ獅子グリフィン。他にもペガサスやキマイラ、ケルベロスなど、この時代には、神話や想像上の動物が多数描かれました。

11—グリフィン

鷲と獅子が合体した幻の動物グリフィンには、いろいろなバージョンがあります。地中海地方では鷲頭のグリフィンが流行したとか。

作り方
- ●そのまま切る
  型紙に合わせて、はさみでそのまま切ります。
  この図案の穴は、すべて端から切り込みを入れる方法で作っています。
- ●紙：色画用紙
- ●型紙は 125 ページ

12—イルカ

ギリシャ時代に先立つクレタ・ミケーネ美術の時代には、植物や地上の動物だけでなく、イルカや魚、タコなど海の生き物も描かれました。この図案はローマ時代のモザイク装飾より。

作り方
- ●そのまま切る
  型紙に合わせて、カッターでそのまま切ります。
- ●紙：マーメイド紙
- ●型紙は 126 ページ

13 — パルメット1

指を広げた手のような扇状の形は、古代エジプトで聖樹とされた棕櫚（しゅろ＝ナツメヤシ）の葉に由来するといわれます。アカンサスやロータスとともにヨーロッパの代表的な植物文様。

作り方
- 四角形折り
  カッターかはさみで切ります。赤い部分は別に作ります。
- 紙：折り紙
- 型紙は126ページ

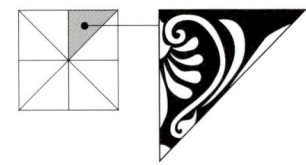

14 — パルメット2

パルメットは、古代ギリシャで建物や陶器の装飾として発達し、ヨーロッパの装飾に浸透してゆきます。黒い陶器にオレンジ色で描かれた典型的なギリシャのパルメット柄を図案にしました。

作り方
- 二つ折り
  はさみで切ります。
- 紙：色和紙
- 型紙は126ページ

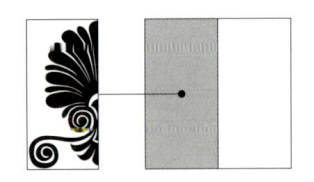

15 — スヴィスティカ（卍）

スヴァスティカと呼ばれる卍（まんじ）の形は、古代ギリシャでは太陽の光を表す印でした。卍が連なる連続文様は吉祥文とされ、逆まわりの卍は不吉ともいわれます。

作り方
● 四つ折り
　はさみ、またはカッターで切ります。
● 紙：色和紙
● 型紙は126ページ

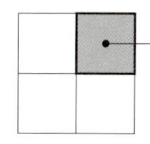

16—ギローシュ

ケルトやアングロサクソンなど西～北欧の複雑な縄文様として知られていますが、古代アッシリアやギリシャ、ローマでも使われました。作品は、ローマ時代のタイルより。

作り方
● 四角形折り／
　一部はそのまま切る
　四角形折りで縄文様以外をはさみで切り、一度開いて縄部分をそのまま切ります。
● 紙：折り紙
● 型紙は 127 ページ

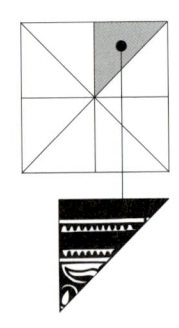

17—メアンダー

メアンダー（雷文）の名前はメアンデル河という曲がりくねった河に由来します。中国、日本でも見られますが、ヨーロッパの雷文は生命を司る女神を示すとか。

作り方
● そのまま切る
　カッターで切り込みを入れてから、はさみで切ります。
● 紙：マーメイド紙
● 型紙は 126 ページ

ナスカ

誰が何のために?
想像力をかきたてるナスカの地上絵。

18—コンドル

ペルーのナスカ河周辺に描かれた地上絵の中でも、やはり印象的なのはコンドル。なんと長さ135mもあるというこの鷲を、手乗りサイズにしてみました。

作り方
● そのまま切る
　型紙に添ってカッターで切ります。
● 紙：折り紙
● 型紙は127ページ

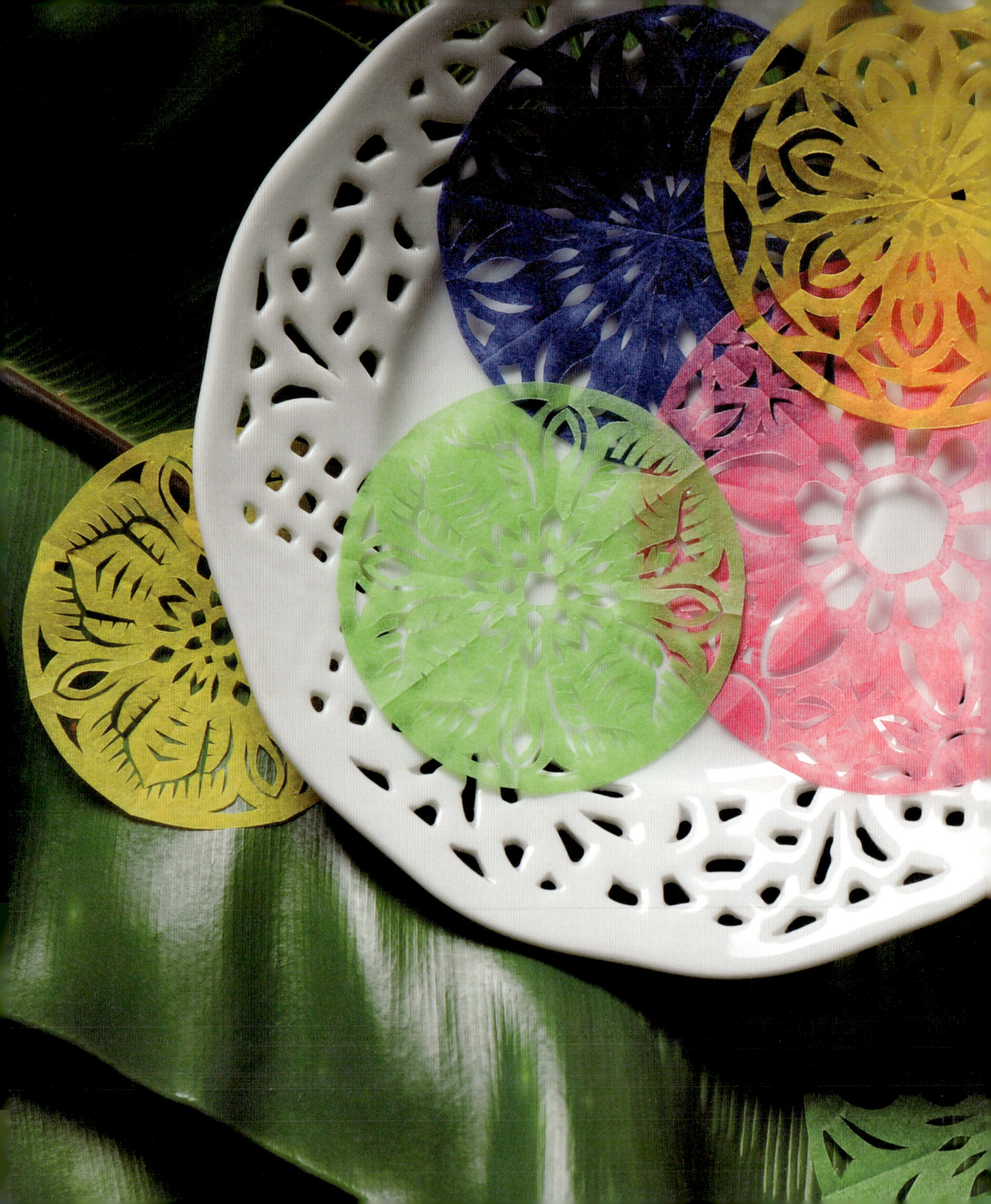

アジアの文様

エキゾティックだけれど、どこか親しみがある。
親しむほどに好きになる。
そんなアジアンデザインのエッセンスのような図案ばかり。
インドから日本まで、
たっぷり36作品を揃えました。

インドでも蓮の花はインダス文明の頃から植物文様の代表として愛されてきました。仏教遺跡のレリーフにも可憐な蓮花文様が咲いています。

21-24 ― 蓮花文様
作り方は **42-43** ページ
型紙は **128** ページ

インド

インドらしさってなんだろう。
伝統文様を切ってみると、その答えが手から伝わる気がします。

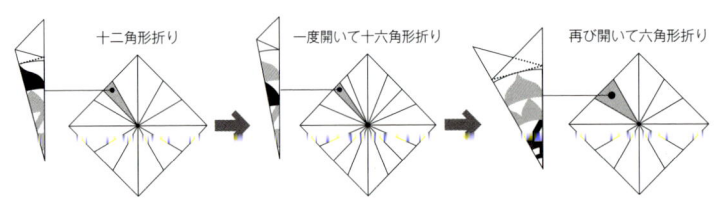

十二角形折り　→　一度開いて十六角形折り　→　再び開いて六角形折り

19

作り方
- 十二角形／十六角形／六角形折り
  左図のように、3回折りなおして切ります。
- 紙：典具紙
  折る回数が多いので、薄く、かつしっかりとした典具紙を使いました。
- 型紙は127ページ

19–20——タントラアート

タントラ教は性愛を通して真理に近づくというインドの古い宗教。ここではタントラアートと呼ばれる絵画から、蓮花文様を切りました。ほのかなエロティシズムを意識して、淡いピンクの典具紙で。

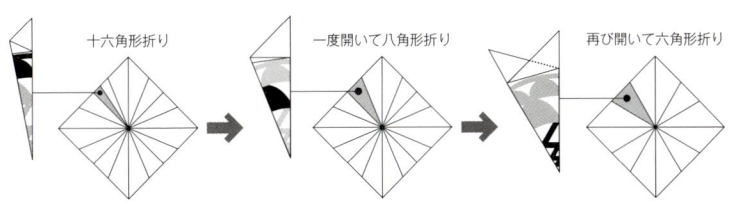

十六角形折り → 一度開いて八角形折り → 再び開いて六角形折り

20
作り方
- 十六角形／八角形／六角形折り
  最初に八角形折りを半分にした十六角形折りで切ります。
- 紙：典具紙
- 型紙は 128 ページ

41

21-24 — 蓮花文様

アショカ王が紀元前3世紀に建て始めたというサーンチの仏教遺跡。その石垣や門柱に彫られたレリーフから作った蓮花文様です。折って切る醍醐味と、薄紙のやわらかな表現をお楽しみください。

21
作り方
- 六角形折り
  はさみで切ります。厚めの紙の場合はカッターをおすすめします。
- 紙：カラペ紙（包装用紙）
  包装用の極薄の紙です。
- 型紙は128ページ

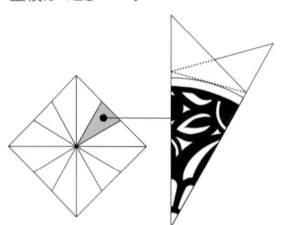

22
作り方
- 四角形折り
  はさみで切ります。
- 紙：色和紙
- 型紙は128ページ

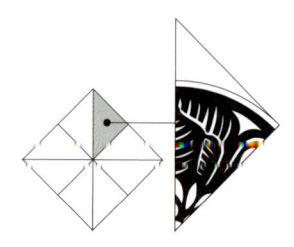

23

作り方
- 八角形折り
  はさみで切ります。厚めの紙の場合は
  カッターをおすすめします。
- 紙：カラベ紙（包装用紙）
  包装用の極薄の紙です。
- 型紙は128ページ

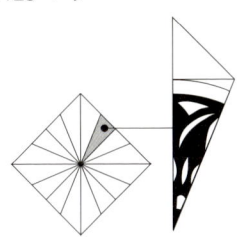

24

作り方
- 七角形折り
  はさみで切ります。
- 紙：カラベ紙（包装用紙）
  包装用の極薄の紙です。
- 型紙は128ページ

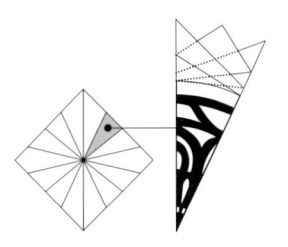

25—タージ・マハル1

タージ・マハル廟の大理石の壁にほどこされた象眼細工の唐草文様です。26のツルの先を引っ掛けて、いくつもつなげられるようにしました。

作り方
- ●四つ折り
  はさみ、または紙が硬いのでカッターでもOK。
- ●紙：ラシャ紙、色和紙
  グリーン、赤の部分は色和紙で作り貼付けます。
- ●型紙は128ページ

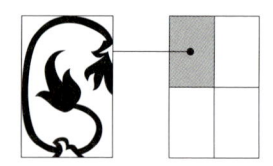

26—タージ・マハル2

作り方
- ●四つ折り
  はさみ、または紙が硬いのでカッターでもOK。
- ●紙：ラシャ紙、色和紙
  グリーン、黄色の部分は色和紙で作り貼付けます。
- ●型紙は129ページ

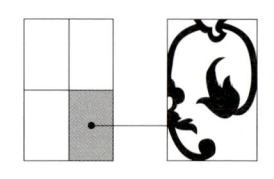

27——イティマッド

17世紀に建てられたというイティマッド・ウッダラー廟の壁を飾る、壺と花の象眼文様。組み合わせてモビールのようにつり下げられる作品です。

作り方
- 二つ折り
  はさみで切ります。
- 紙:色画用紙(2色)
  外枠と壺の部分を別の色で切ります。
- 型紙は129ページ

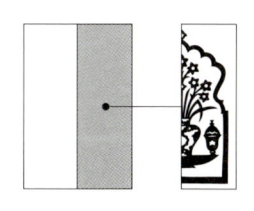

28—象

サーンチの遺跡群には、象のレリーフも。鼻や足のバランスから見てまだ子供らしい象です。蓮の花と戯れている、微笑ましい図案を切り紙にしました。

作り方
- ●そのまま切る
  型紙に合わせて、カッターで切ります。
- ●紙：タント紙
- ●型紙は 129 ページ

→象の鼻にぼってりお腹のガネーシャ像。インドの街角で見つけた置物です。

上・唐草文様もインドらしい文様のひとつ。ステンドグラスが豪華なこの部屋は、マハラジャの王宮ホテルの一室。下・繁栄を意味する唐草文様のご利益か、栄華を極めた白亜の王宮。

神様も幸運も象に乗って

　象の生息地からはるか遠いヨーロッパでもその姿は織物やモザイクの中に見られますが、やはりアジア、とりわけインドでは、昔から象は敬愛されてきました。古代インドの神話では、この世は亀と象に支えられていると考えられていたとか。また、インド神話の神様インドラは、アイラーヴァタという白い巨象に載っていたとされています。そして、なんといっても有名なのが、ガネーシャでしょう。

　人間の身体に象の頭を持つこのヒンドゥー教の神様は、片方の牙が折れ、腕は4本、そして布袋さまのようなお腹がトレードマーク。あらゆる障がいを取り除く神様とされ、また金運・仕事運向上や学業にもご利益があるそう。

　地球から神様、現世的なご利益まで運んでくれる象。仏塔の装飾から置き物まで、描かれ、かたどられたたくさんの象の姿からも、古来からインドの人々にとって、いかに大きな存在だったがわかります。

ベトナム

複雑で濃厚で、けれどおおらかな東南アジアの文様。ベトナムの古い塔にもこんなハート型が残っていました。

700年前の仏塔を飾る文様とカラフルな折り紙のおしゃれな出会い。思わぬ発見も切り紙の楽しみです。

29──植物文様
作り方は **50** ページ
型紙は **129** ページ

29 — 植物文様

13〜14世紀に建てられた仏塔、ビンソン塔の壁を飾っているという植物文様は、なんとハート型。ポップな色の折り紙とびっくりするほどよく合います。

作り方
● 二つ折り
　はさみで切ります。
● 紙：折り紙
● 型紙は129ページ

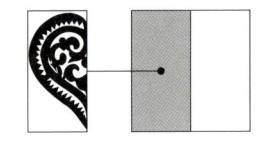

ネパール

染色の長い歴史があるというネパール。
すてきな文様が生まれないわけがありません。

30 — 魚

アジアではおなじみの魚文様ですが、山国ネパールのこの魚は、神の魚と呼ばれる淡水魚サハールでしょうか。20世紀のテキスタイルに伝統柄の味わいを感じて、切り紙に料理しました。

作り方
● 二つ折り
　うろこなど細かな部分はカッター、ほかははさみを使用。
● 紙：色和紙
● 型紙は129ページ

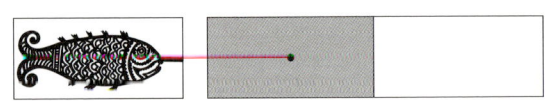

向かい合った図案を二つに切り離して、つなげてみました。カラフルな魚の行列は、壁に飾っても楽しいアクセントに。

「寿」や「喜」の文字はもちろんのこと、龍やコウモリにもそれぞれに意味があり、吉祥物とされています。

36—龍
作り方は **57** ページ
型紙は **131** ページ

33—双喜1
作り方は **55** ページ
型紙は **130** ページ

31—円寿1
作り方は **54** ページ
型紙は **130** ページ

35—五福臨門
作り方は **56** ページ
型紙は **130** ページ

中国

おもに農村の女性たちの手で伝えられてきた、中国の切り紙、剪紙。モチーフの多くは、おめでたいとされる花や植物、動物たち。今も人々に親しまれている、幸せを願う文様です。

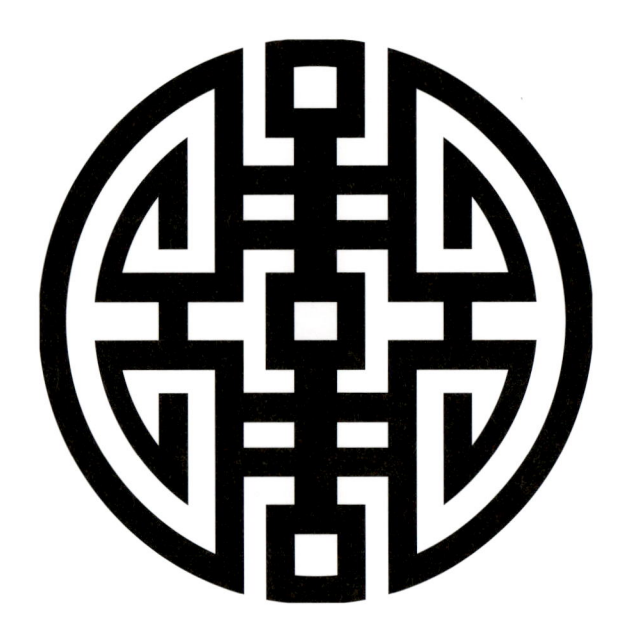

31—円寿1

寿は、日本語では婚礼などのおめでたい意味ですが、中国語では"長寿"の意味。長生きは最上の幸福とされているので"寿"は大変おめでたい文字です。

作り方
- ●四つ折り
  はさみで切ります。
- ●紙：中国の紙
  作品では中国の紙を使っていますが、色和紙なども使えます。
- ●型紙は130ページ

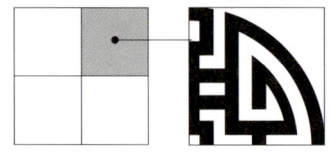

32—円寿2

丸い形の寿字や、長方形の寿字など、「寿」には沢山の字体があり、文字単体のデザインとしても、豊富で面白いものです。

作り方
- ●四つ折り
  はさみで切ります。
- ●紙：中国の紙
  作品では中国の紙を使っていますが、色和紙なども使えます。
- ●型紙は130ページ

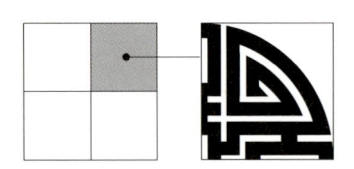

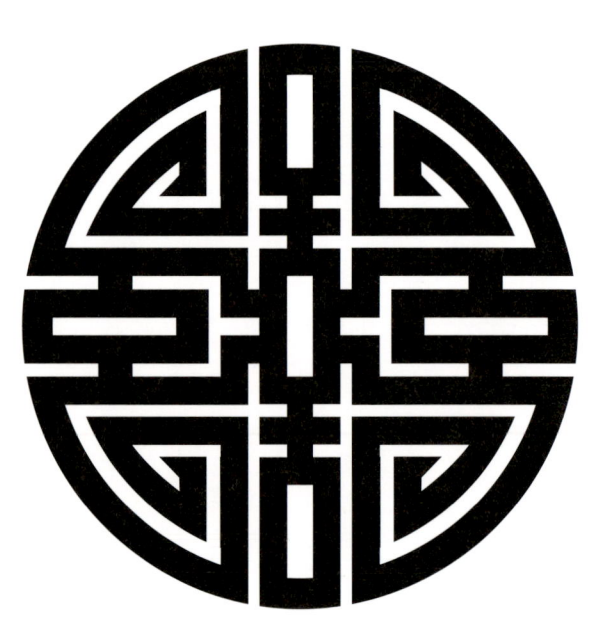

33——双喜1

「喜」の字が2つ並んで、1つの文字に。昔からおめでたい吉祥文字とされてきましたが、特に結婚の時に用いられ、新婚家庭の窓や壁に飾られたり、贈り物にも使われます。

作り方
- 二つ折り
  はさみで切ります。
- 紙:色和紙
  作品では中国の紙を使っていますが、色和紙なども使えます。
- 型紙は130ページ

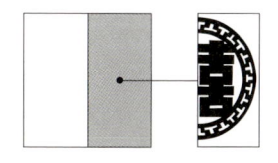

34——双喜2

双喜は仲睦まじい夫婦の象徴のオシドリやカササギ、愛の象徴である蝶々、子孫繁栄の願いがこめられた蓮の花と実、そのほか龍と鳳凰などの図案とよく組み合わせられます。

作り方
- 二つ折り
  はさみで切ります。
- 紙:中国の紙
  作品では中国の紙を使っていますが、色和紙なども使えます。
- 型紙は130ページ

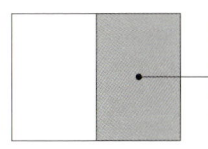

35 — 五福臨門

コウモリは、中国語で「福に転ずる」という発音に近く、古くから吉祥物とされてきました。5匹のコウモリが円形に描かれたこの図案は、人生の5つの幸福「長寿」「富貴」「健寧」「好徳」「善終」を表しています。

作り方
- 五角形折り／二つ折り
  はさみを使用。最初に五角形折りでこうもりを切り、開いて二つ折りにし、寿字を切ります。
- 紙：中国の紙（色和紙などでも可）
- 型紙は130ページ

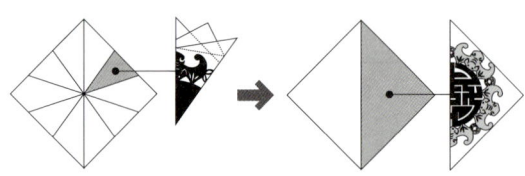

36——龍

龍は、ワニ、蛇、魚、虫などの生き物と、雲、稲妻などの自然現象の合体として創造されました。殷周時代に原型が作られて以来、中国の最高の吉祥物としての地位を保っています。

作り方
● 二つ折り
　はさみで切ります。
● 紙：奉書紙
● 型紙は 131 ページ

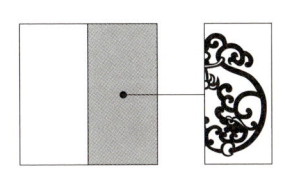

37——鳳凰

鳳凰はさまざまな種類の鳥がひとつになった神鳥です。鳳は雄、凰は雌。龍と共に描かれる時は、龍が皇帝、鳳凰が皇后を表します。平和や幸福、美の象徴として愛されている吉祥鳥です。

作り方
● 二つ折り
　はさみで切ります。
● 紙：奉書紙
● 型紙は 131 ページ

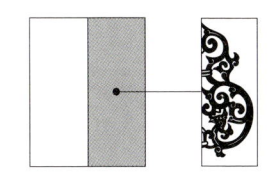

シンプルな文様をじゃばら折りで連続文様に。小さくたたんだ紙片をそっと広げると、レースのような吉祥文様が…。ちょっとしたサプライズとして、たたんだ状態のままプレゼントしても喜ばれそうです。

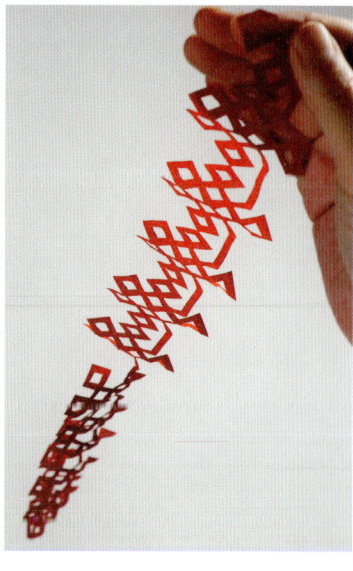

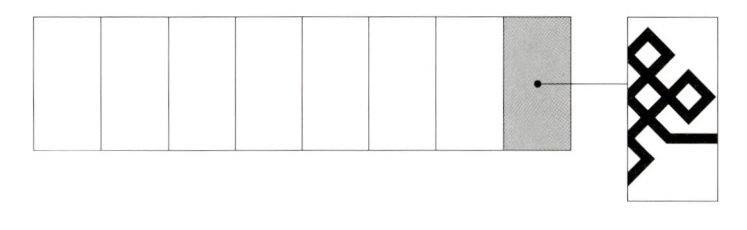

38—盤長（ばんちょう）

紐などで八つの結び目を作った形で、始めも終わりもないことから「盤長」と名づけられました。仏教の八種法器のひとつでもあり、物事が順調で、路に通じることを意味しています。

作り方
- じゃばら折り
  カッターで切ります。
- 紙：中国の紙
  作品は中国の紙ですが、薄い紙で代用できます。
- 型紙は 131 ページ

39—雲文

空に浮かぶ雲のように、雲の文様もさまざまな形に変化します。雲は「運」と発音が似ており、幸福・幸運を象徴した吉祥物です。

作り方
- じゃばら折り
  はさみかカッターで切ります。
- 紙：中国の紙
  作品は中国の紙ですが、薄い紙で代用できます。
- 型紙は 131 ページ

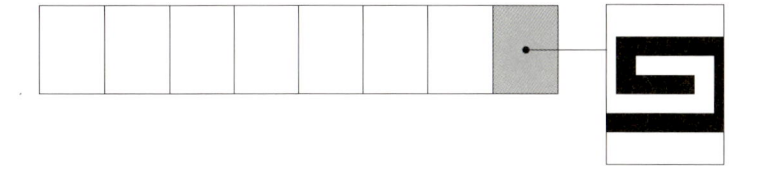

40—雷文

雷文は生命の雨の象徴として、農家にとっては豊作のイメージ。そして連続文様になると、「はるか長く続く」というおめでたい意味に。中国では長寿のしるしとして人気があり、縁取りなどに用いられます。

作り方
- じゃばら折り
  はさみかカッターで切ります。
- 紙：中国の紙
  作品は中国の紙ですが、薄い紙で代用できます。
- 型紙は 131 ページ

41—波頭文

激しく変化し、はかり知れず、流れ動く形の無い水は、さまざまな形で描き出されてきました。その変幻自在な造形からか、コウモリや魚、オシドリなど、多くの吉祥物と組み合わせて使われます。

作り方
- じゃばら折り
  はさみかカッターで切ります。
- 紙：色和紙
  作品は中国の紙ですが、薄い紙で代用できます。
- 型紙は 131 ページ

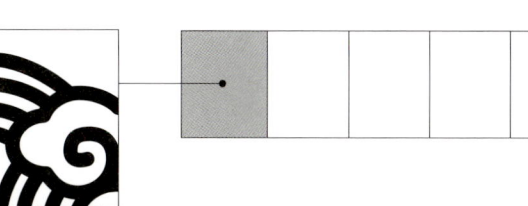

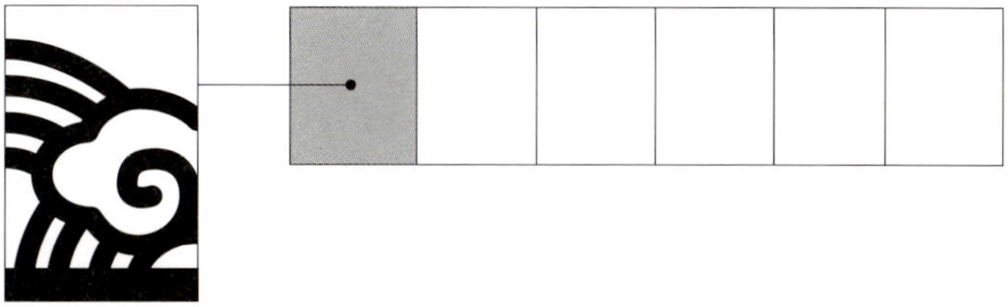

韓国

似ているようで違う、でもどこかがつながっている。
微妙な違いがクセになる隣国の文様です。

42 — 格子文様1

韓国の伝統的な住宅によく見られる、障子の格子文様を切ってみました。幾何学的な美しさの中に、自然光を楽しむ障子の文化を感じます。

作り方
● 四つ折り
 カッターで切ります。
● 紙：ラシャ紙
● 型紙は 132 ページ

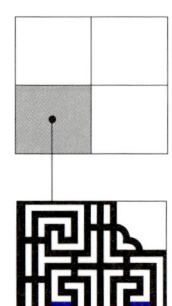

43—格子文様2
44—格子文様3

障子の格子文様で作るランプシェードです。ちなみに韓国の障子は日本とは反対に、桟を外側に出して紙を貼るので、外から格子文様が眺められるのだそう。

作り方
● そのまま切る
　カッターで切ります。
● 紙：マーメイド紙／
　障子は雁皮紙
● 型紙
　右の図案をお好きな
　大きさに拡大コピー
　してご利用ください。

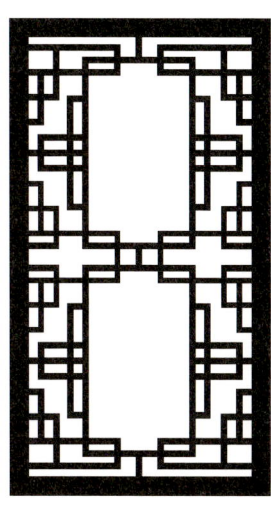

45—太極八卦

儒教の宇宙観に由来する図案です。韓国の国旗にも見られる中央の太極は、万物の根源。それを取り巻く格子は吉凶を定める八卦。少し複雑ですが、パーツを組み合わせることで、おもしろい作品に仕上がります。

作り方
● そのまま切る／四つ折り／八角形折り
　はさみかカッターを使用。下図の左から順に作り重ねて貼り付けます。
● 紙：色画用紙
● 型紙は131ページ

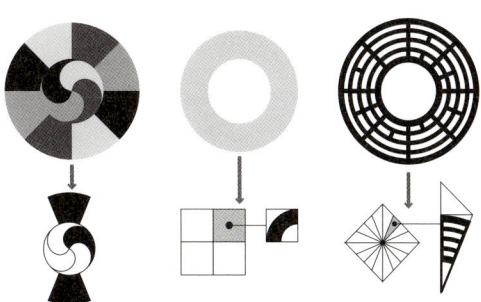

61

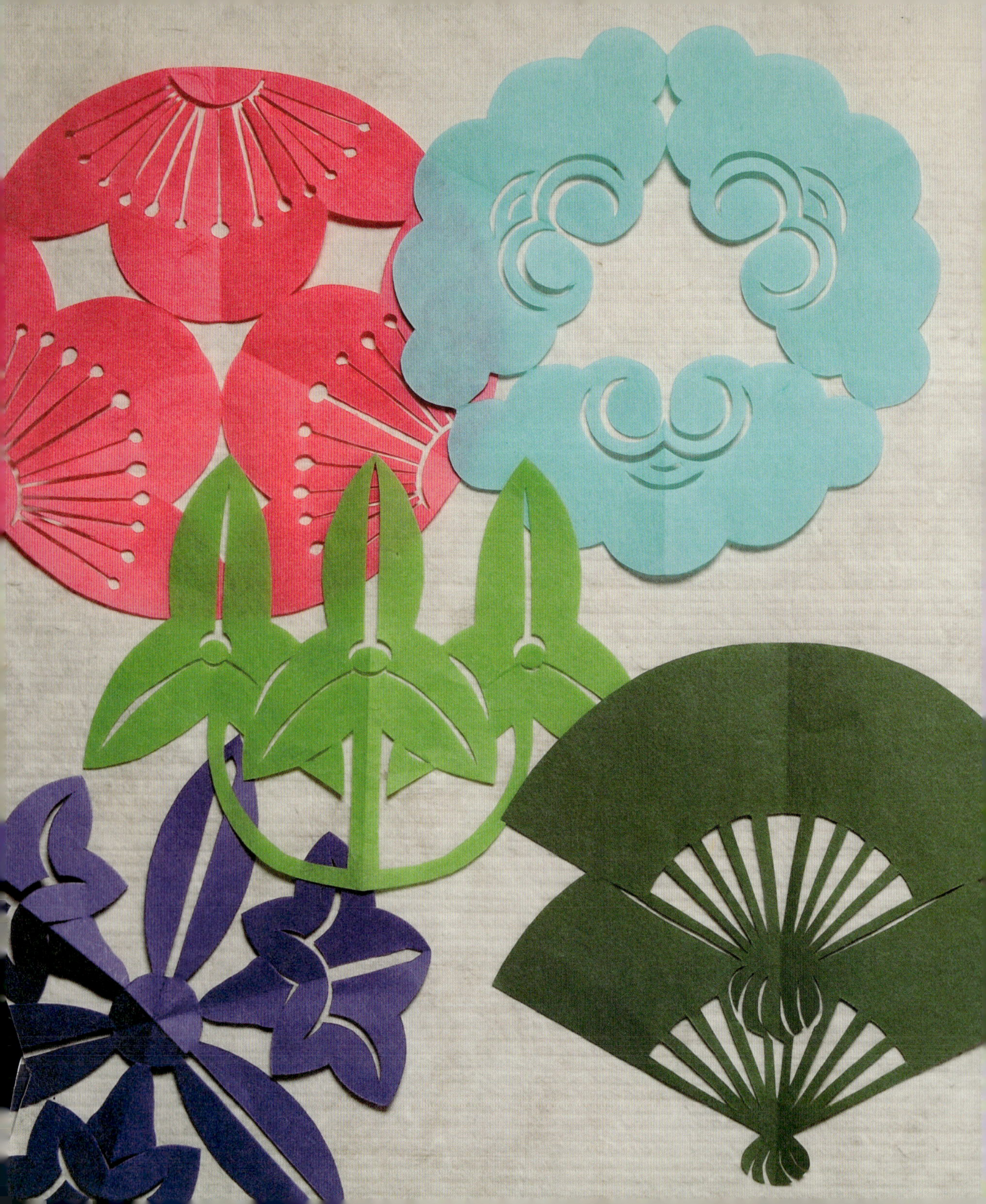

日本

季節の花や日用品など
あらゆるものが文様のモチーフ。
昔から日本人は
文様が大好きだったんですね。

江戸時代に流行した
「紋切り遊び」は、
そのまま今の切り
紙。昔から、切り紙
にしたくなるデザイ
ンにこと欠かないの
が日本の文様です。

49—梅
50—夏草—沢潟
　　（おもだか）
51—竜胆（りんどう）
52—扇
作り方は
66-67ページ

53—鶴
54—雲
55—雷
作り方は
68-69ページ
型紙はすべて
132-134ページ

63

46-48―ぽち袋

ちょっとしたお礼や心付けでも、裸でお金を渡すのははしたない。そんな心づかいから生まれたぽち袋。「ぽち」というには大きめになりますが、粋なプレゼントになりそうです。
※3作品とも、下地として別の色の紙をあててください。

46

作り方
● じゃばら折り／四つ形折り
1. 先に袋状に折り目をつけておきます。
2. 中央部分をじゃばらに折り、カッターで切ります。
3. 別に四つ折りで作った花を貼り付けます。
● 紙：色和紙
● 型紙は132ページ

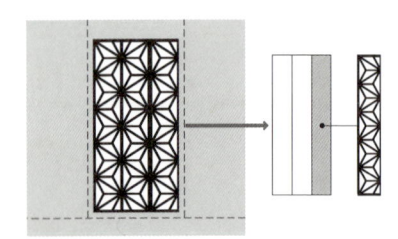

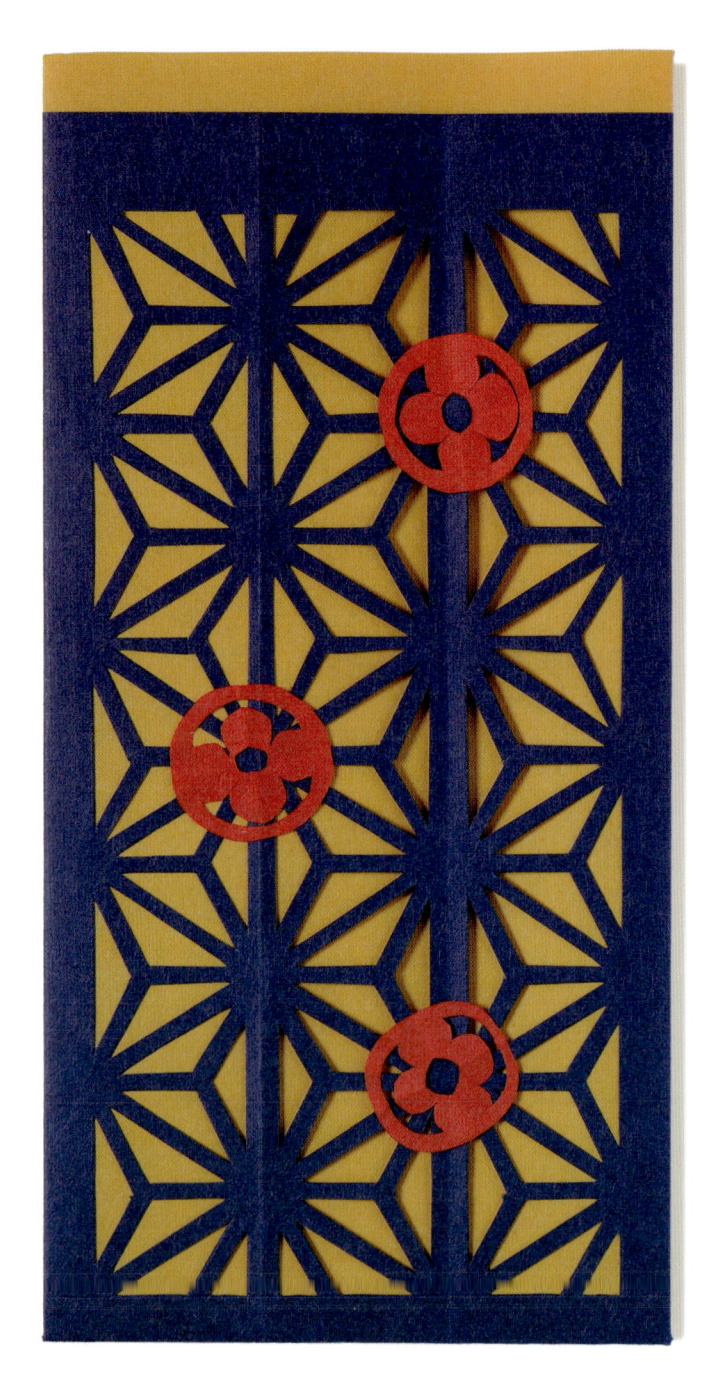

47

作り方
- そのまま切る／二つ形折り
  1. 先に袋状に折り目をつけておきます。
  2. 中央の花が入る部分を四角くカッターで切り抜き、穴を開けます。
  3. 雲紋（黒地の部分）は型紙をあて、はさみかカッターで切り抜きます。
  4. 別に二つ折りで作った花を、2. で空けた四角部分に貼り付けます。
- 紙：色和紙
- 型紙は 133 ページ

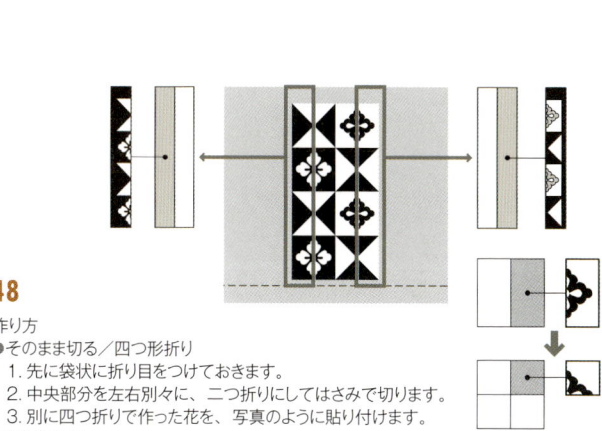

48

作り方
- そのまま切る／四つ形折り
  1. 先に袋状に折り目をつけておきます。
  2. 中央部分を左右別々に、二つ折りにしてはさみで切ります。
  3. 別に四つ折りで作った花を、写真のように貼り付けます。
- 紙：色和紙
- 型紙は 133 ページ

49—梅

梅の文様、梅紋は、室町時代から菅原道真を祀った天満宮にちなんで、各地に広がったといわれ、種類、バリエーションも多い文様です。この図案は「三割向梅」と呼ばれています。

作り方
- 三角形折り
  はさみで切ります。
- 紙：色和紙
- 型紙は 133 ページ

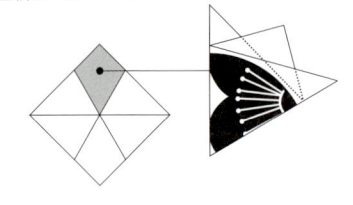

50—夏草—沢潟（おもだか）

水辺で白い花を咲かせる沢潟（おもだか）。別名「勝軍草」とも呼ばれることから、武将の武具や衣装に沢潟（おもだか）文様が好んで使われたと伝えられています。

作り方
- 二つ折り
  はさみで切ります。
- 紙：色和紙
- 型紙は 132 ページ

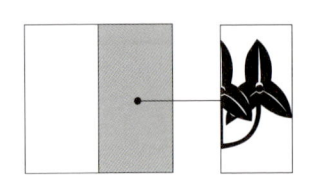

51 — 竜胆（りんどう）

紫の花がかわいらしい竜胆の文様です。花3つに葉を5枚あしらった、三花五葉の図柄が一般的ですが、ここでは「三つ葉竜胆」と呼ばれる図案を三角形折りで切りました。

作り方
- 三角形折り
  はさみで切ります。
- 紙：色和紙
- 型紙は133ページ

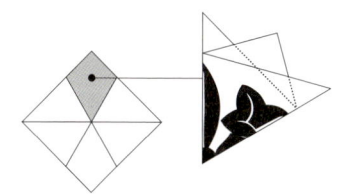

52 — 扇

日本人は、日常のいろいろな生活道具も文様として親しまれてきました。日本で発明されたという扇子もそのひとつ。開いたもの、閉じたもの、重ねたものなどたくさんのバリエーションで楽しまれてきました。

作り方
- 二つ折り
  はさみを使用。二つ折りで切り、開いてからとじり（持ち手）の部分を切ります。
- 紙：色和紙
- 型紙は132ページ

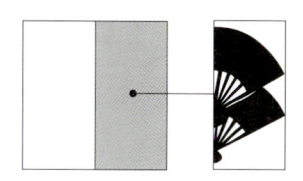

53 — 鶴

空を舞う優雅な姿と寿命の長さから、鶴は平安時代から延命長寿の吉兆とされてきました。鶴文は、公家や武家の家紋として大いに人気があったようです。

作り方
- 二つ折り
  はさみで切ります。
- 紙：折り紙
- 型紙は132ページ

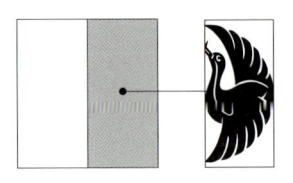

54—雲

太陽や月、星など天体や、気候現象は、太古から信仰の対象だったからか、文様としても広く使われています。雲はとくに形のないものだけに、バリエーションも豊富です。

作り方
● 三角形折り
　はさみで切ります。
● 紙：色和紙
● 型紙は 133 ページ

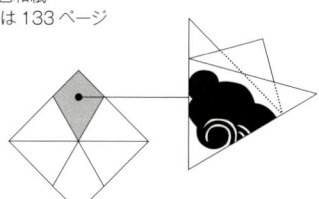

55—雷

恐ろしげな稲妻も、豊穣をもたらすものとして吉祥文ととらえられてきました。幾何学的なデザインは、古代のメアンダーに通じるものがあるのでしょう。

作り方
● そのまま切る
　型紙に合わせてはさみで切ります。
● 紙：色和紙
● 型紙は 134 ページ

文様きりがみを楽しむ
暮らしのアイデア

切る楽しさの次は、見る楽しみ。
自分で作った切り紙で暮らしを彩ってみませんか？
伝統文様の完成された美しさ、存在感で、
いつもの生活空間もちょっと違って見えるはずです。

文様の咲く水盤

蓮花文様にいちばん似合うのは、やはり水。たくさん作品ができたら、思い切ってそっと水盤に浮かべてみてはいかがでしょう。一度水に浸けたら元には戻りませんが、だからこその小さな贅沢です。

21-24——蓮花文様
作り方は **42-43** ページ
型紙は **128** ページ

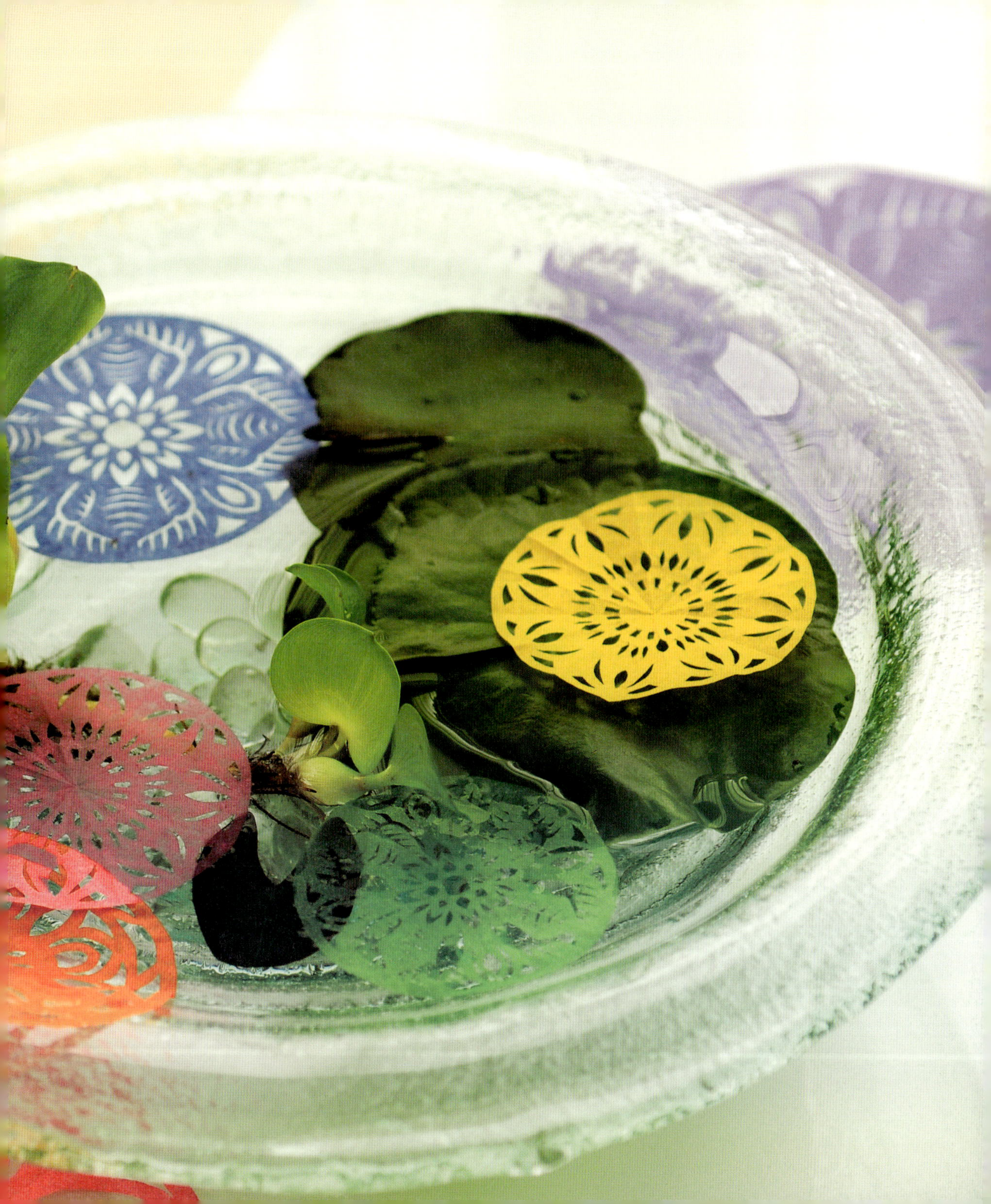

微風にゆらめく、ハンギングスタイル

紙でできたものだから、軽くて繊細。モビールのように窓辺や室内につり下げると、ほんの少しの風や空気の流れで軽やかに揺れ動きます。インドの文様で、アジアの風を感じるインテリアを演出してみました。

大理石の象眼細工として彫られたデザインをモビールに。内側の花と壺、外側のフレームを別々に切ることで、より変化のある動きが楽しめます。

27——イティマッド
作り方は **45** ページ
型紙は **129** ページ

ふたつの図案をからみ合わせて、のれんのように。壁に飾ると、曲線の美しさがいっそう引き立ちます。

25─タージマハル1
26─タージマハル 2
作り方は **44** ページ
型紙は **128-129** ページ

フレームとの組み合わせで
ちょっと特別なインテリアに

うまく切れた作品は、ぜひフレームに入れて飾りたいもの。普通の写真立てでも十分ですが、アンティーク風やシースルーなど、フレームとの組み合わせで、ぐんと引き立つ演出に。台紙にもこだわってみたいものです。

フィレンツェ製の額縁は、ルネサンスの文様に文句なしの相性。画材店などで手に入る絵画用の額縁がおすすめです。紙の質感が引き立つようガラスは入れていません。

67—ルネサンスの唐草文様1
68—百合
69—ルネサンスの唐草文様2
作り方は **98** ページ
型紙は **136-137** ページ

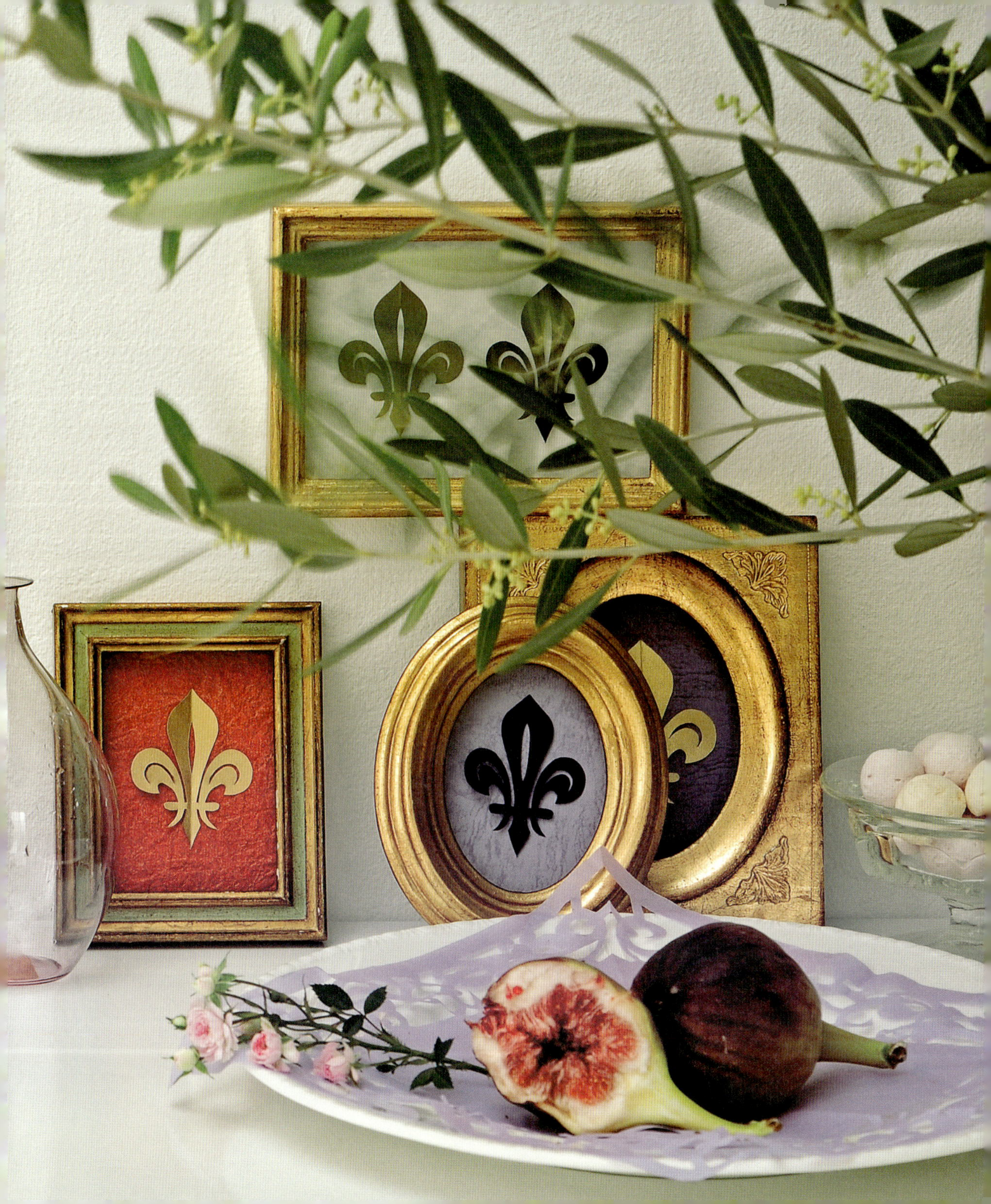

飾り罫として描かれた文様を活かして、裏表とも
ガラスのフローターフレームをデコレーション。古
い絵はがきやお気に入りの写真でコラージュ風に
飾りました。

65——植物文様3
作り方は **97** ページ
型紙は **134** ページ

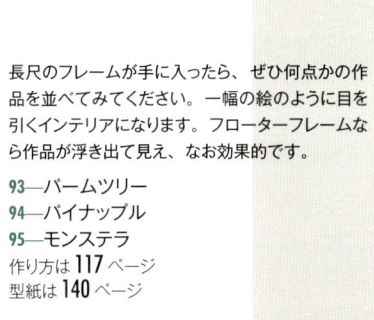

長尺のフレームが手に入ったら、ぜひ何点かの作品を並べてみてください。一幅の絵のように目を引くインテリアになります。フローターフレームなら作品が浮き出て見え、なお効果的です。

93—パームツリー
94—パイナップル
95—モンステラ
作り方は **117** ページ
型紙は **140** ページ

ほのかな明かりに
浮かび上がる文様

　シルエットで表現する切り紙はランプシェードに絶好の素材。本来、光を通すための障子格子の文様は、ランプのほのかな光にも、その端正な美しさを発揮してくれます。

韓国の障子格子の文様で作ったランプシェード。安全のため、裸の電球ではなく、小さなテーブルランプなどにかぶせましょう。背面の裾部分にコードを通す切り込みを入れてください。

43—格子文様2
44—格子文様3
作り方は **61** ページ
型紙は **61** ページ

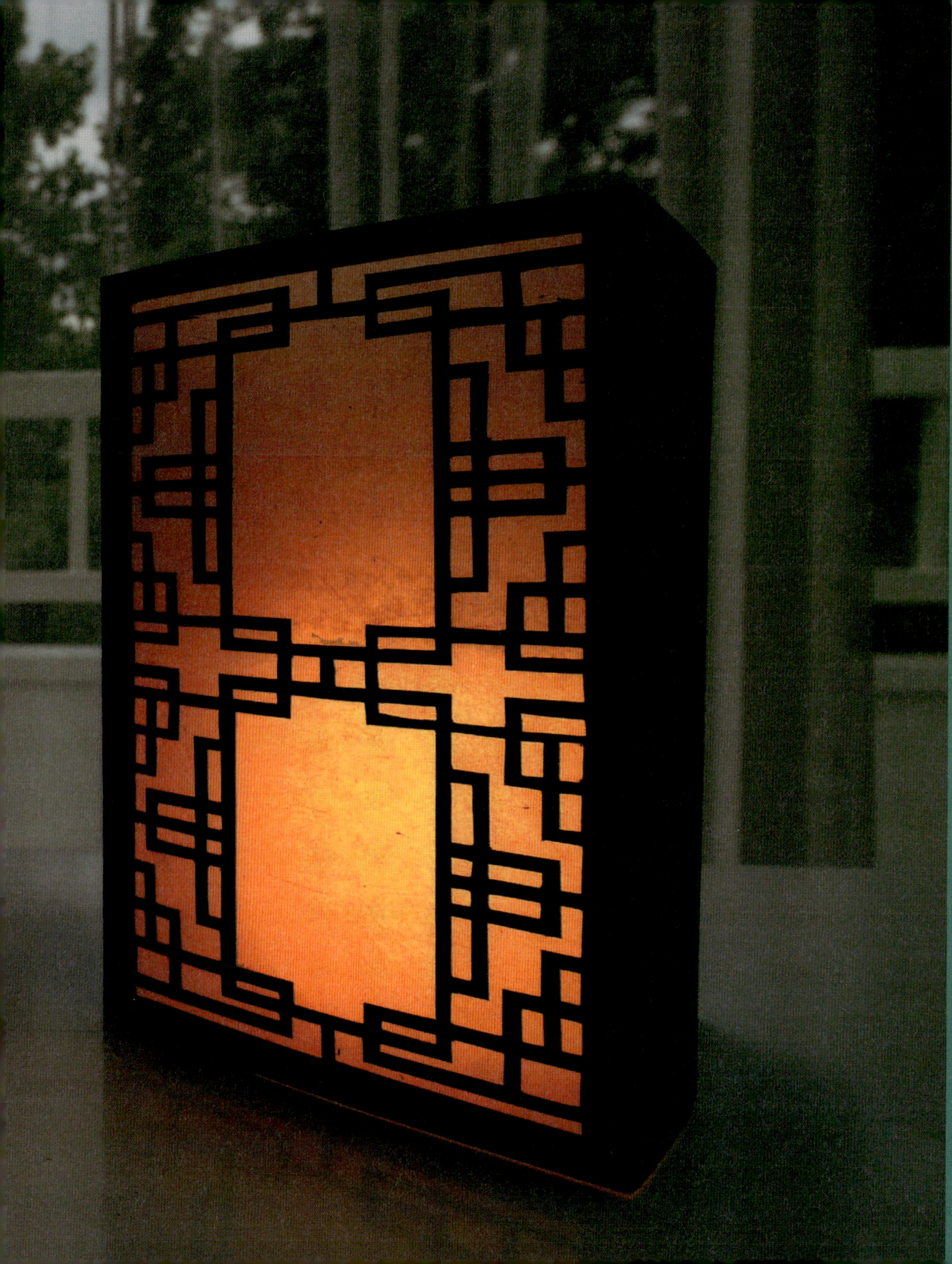

デスクまわりにも、さり気ないギフトにも文様のアクセント

　紙製品の多いデスクまわりやギフトラッピングにも、切り紙は大活躍します。ペーパーフォルダーやファイルの表紙に貼付けたり、ペーパーバッグにあしらったり。そんなさり気ないアレンジも、切り紙らしい使い方です。

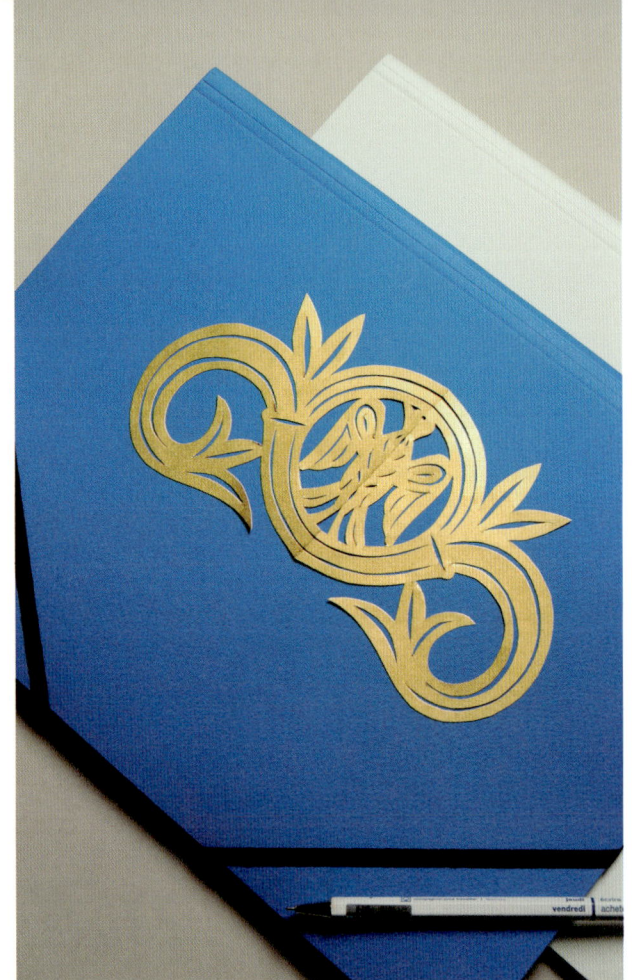

↑紋章風の鳩文様で、シンプルなペーパーホルダーがトラッドなおもむきに。
←ところどころ少し浮かせて貼り付けると、切り紙らしい質感が活きてきます。運搬中に破れないようご注意を。

60——鳩
作り方は **94** ページ
型紙は **135** ページ

39——雲紋
作り方は **59** ページ
型紙は **130** ページ

厚手の紙で切った作品なら、カードスタンドにはさむだけでも、心なごむディスプレイに。凹凸のあるマーメイド紙など、質感のある紙を使うのがおすすめです。

12―イルカ
作り方は **33** ページ
型紙は **126** ページ

美味しい時間を演出する
切り紙のテーブルデコレーション

　楽しく切った作品が汚れてしまうのは惜しいけれど…。おもてなしやちょっとしたパーティーに、手作りのナプキンを添えれば、食卓がぐんと華やかに。料理の味も引き立ててくれることでしょう。

レース文様のナプキンに、ここでは薄いラッピングペーパーを使いましたが、料理に合わせて紙の色・種類も選びたいもの。

写真下
71—レース文様2
作り方は **99** ページ
型紙は **136** ページ

写真右
70—レース文様1
71—レース文様2
作り方は **99** ページ
型紙は **136** ページ

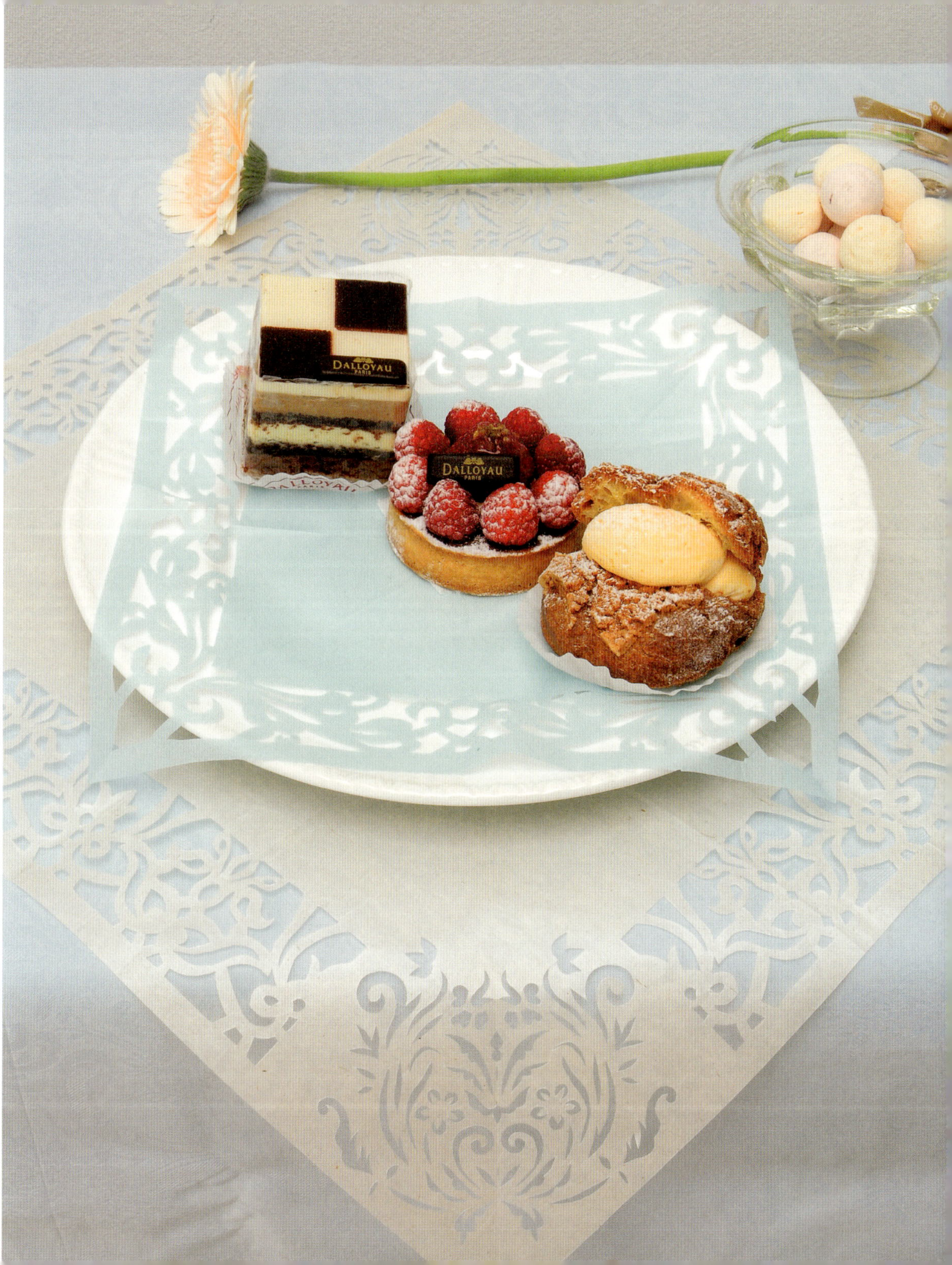
DALLOYAU
DALLOYAU

柄を入れ替えられるタイプの保温マグにも、切り紙が活躍。帆布にトウモロコシ文様をアイロンプリントしたランチョンマットも揃えて、ランチタイムセットに。

108—コヨーテ
作り方・型紙共に **122** ページ
105—トウモロコシ
作り方・型紙共に **121** ページ

切り紙作品をコースターにするには、まず台紙の上に作品を乗せ、上から押し花用などの圧着シートや、本の補修用シートでコーティング。最後に丸く切り取ると良いでしょう。

96, 99——花重ね文様
97-98——花文様
100——サボテン
作り方は **118-119** ページ
型紙は **141** ページ

アイロンプリントで
オリジナル雑貨が誕生

　アイロンプリントで、オリジナルの文様雑貨に挑戦してみましょう。パソコンやプリンターを使うよりも、シートを切って直接アイロンで染めるタイプのシートの方が、手作りらしい仕上がりになります。

シンプルなクッションやスリッパ、テーブルクロスなどにも同じ図案をあしらえば、文様のトータルコーディネートができあがり！

29—植物文様
作り方は **50** ページ
型紙は **129** ページ

文様のアクセントでちょっと差のつく個性派ファッションはいかが？ ラメプリント用のシートを直接切り、ベーシックなジーンズにあしらいました。

68——百合
作り方は **98** ページ
型紙は **136** ページ

77——アールヌーボーの花
作り方は **105** ページ
型紙は **137** ページ

白いTシャツも、民族文様のプリントひとつで流行のトライバルテイストに。帆布のバッグもフォークロア調に変身します。

87——船
作り方は **113** ページ
型紙は **139** ページ

106——豆
作り方は **121** ページ
型紙は **140** ページ

イスラムの文様

偶像崇拝を禁じたイスラム世界では
独自の文様が花開きました。
壮麗なアラベスクと幾何学文様がその代表です。

7世紀にイスラム文化圏が形成されて以降、おもにモスクを飾るタイルとして、複雑で精密な文様が発展しました。

57— 幾何学文様2
作り方は **90** ページ
型紙は **134** ページ

56 — 幾何学文様1

繰り返すことで果てしなく広がる幾何学文様は永遠を表現しているとも見られます。唐草模様を抱いたこの十字型はサマルカンド、シャーヒ・ジンダ霊廟のタイルから。次ページのような星形タイルと組み合わせて使われます。

作り方
● そのまま切る
　型紙に合わせて、はさみまたはカッターで切ります
● 紙：銀の色紙
● 型紙は134ページ

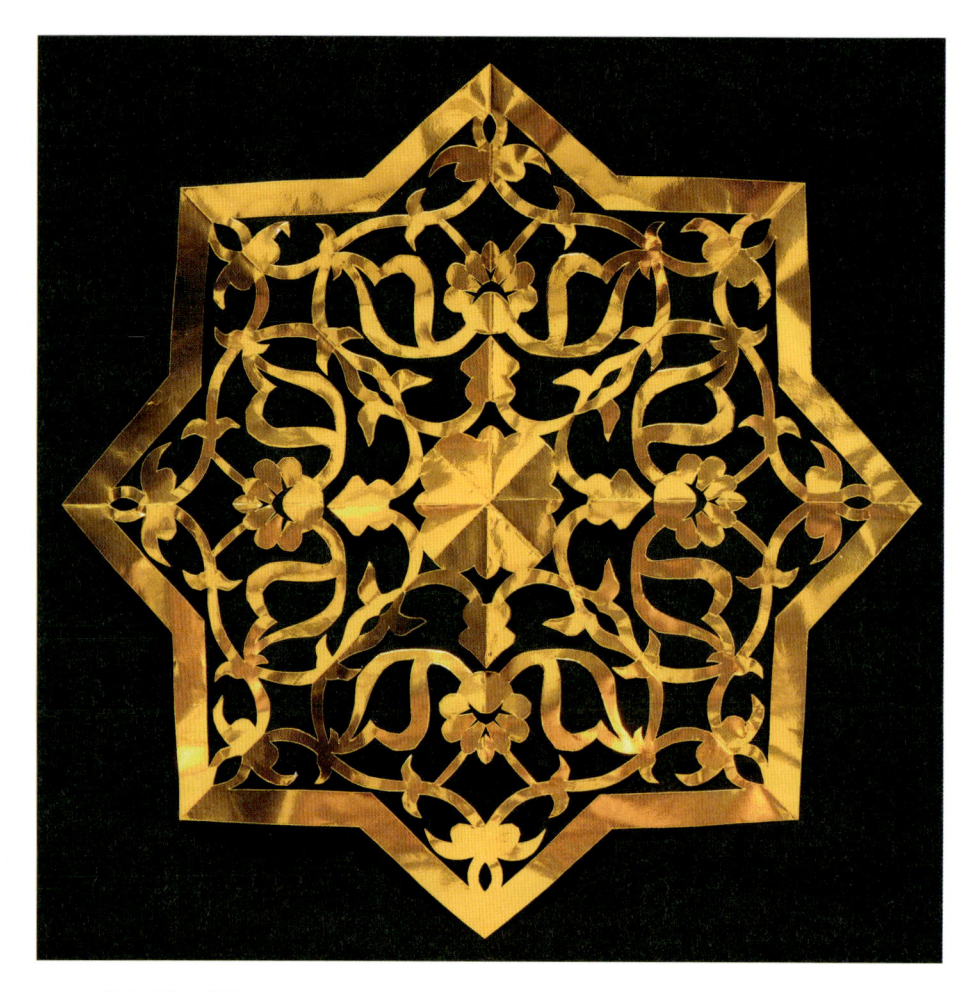

57 — 幾何学文様2

この端麗な星形もシャーヒ・ジンダ霊廟のタイルの文様です。こうした幾何学形のタイルで巨大な建築物を覆うことができるのも、精密な計算・設計技術があってこそ。イスラム圏の文化の高さを感じます。

作り方
- 八角形折り
  はさみで切ります。
- 紙：金の色紙
- 型紙は 134 ページ

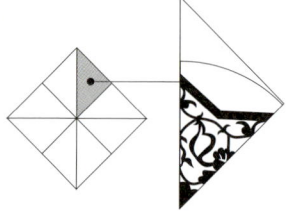

58—アラベスク

アラベスクとは「アラビア風」の意ですが、一般的にはイスラム美術のひときわ複雑な唐草文様のこと。トルコ、トプカプ宮殿の玉座に象眼されたこの文様は、まさにアラベスクと呼ぶにふさわしい美しさです。

作り方
- ●十六角形折り
  八角形折りをさらに半分に折り、はさみで切ります。
- ●紙：金の色紙
- ●型紙は 134 ページ

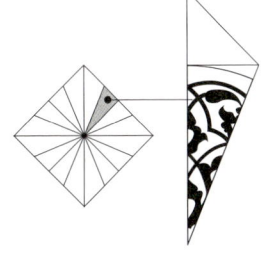

ヨーロッパの文様

東はビザンチン、西は中世、ルネサンス、バロックと、
発展と洗練、爛熟を繰り返してきたヨーロッパの文様。
その華やかさとエレガンスは、
今なお人々を引きつけてやみません。
西欧文化のエッセンスを、切り紙でご堪能ください。

ビザンチンから19世紀に至るまで、植物文様は貴族にも庶民にも親しまれてきました。

64──植物連続文様
62──植物文様1
63──植物文様2
59──アカンサス
作り方は 94-97 ページ
型紙は 134-135 ページ

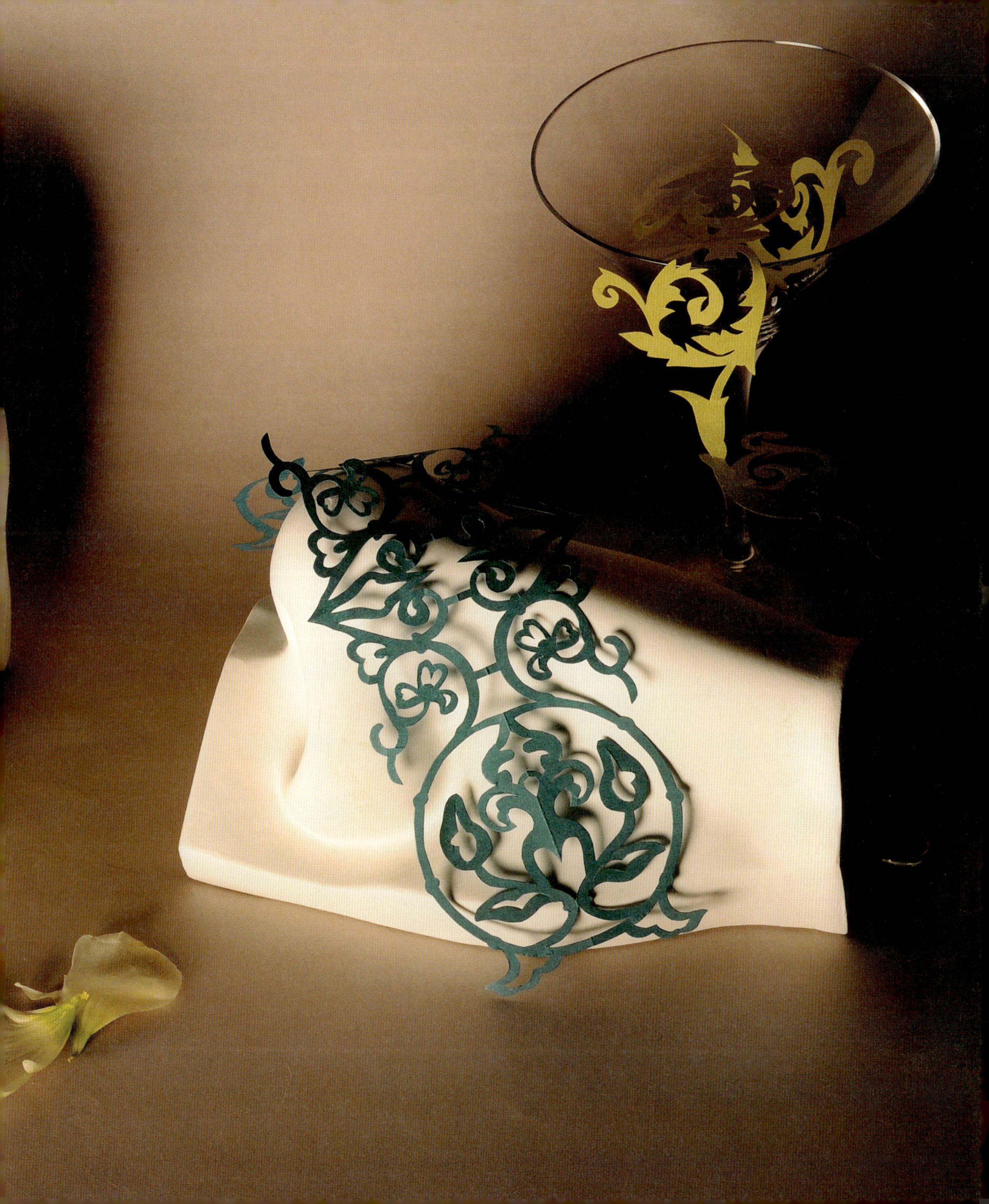

ビザンチン・中世

東はビザンチン、西は中世のロマネスクやゴシック文化が花開いた4〜14世紀。
ヨーロッパ千年の美を切りとる、贅沢な作品です。

59—アカンサス

アカンサスは地中海地方の植物。古代ギリシャ以来、文様のモチーフとしてヨーロッパで親しまれてきました。イタリアの5世紀頃の礼拝堂に残るモザイク壁画から切り出した作品です。

作り方
- 二つ折り
  はさみで切ります。
- 紙：色和紙
- 型紙は134ページ

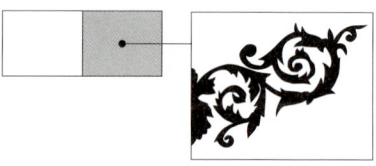

60—鳩

鳩は古代メソポタミアやギリシャの文様にも登場しますが、キリスト教美術でも聖霊や神意、平和などの象徴として描かれています。この鳩文様も、教会堂の窓装飾の一部としてレリーフされていました。

作り方
- 二つ折り
  はさみで切ります。
- 紙：金の色紙
- 型紙は135ページ

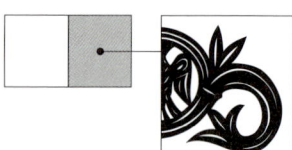

61 — 双獣文（そうじゅうもん）

動物や鳥を左右対称に描いた文様は、古代メソポタミアから伝わったもの。この文様は、60の鳩と同じ教会堂の窓装飾ですが、豊饒や生命力の象徴とされたブドウとともにグリフィンが描かれています。

作り方
● 二つ折り
　はさみを使用。中央部分は開いてから切ります。
● 紙：色和紙
● 型紙は135ページ

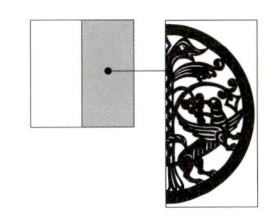

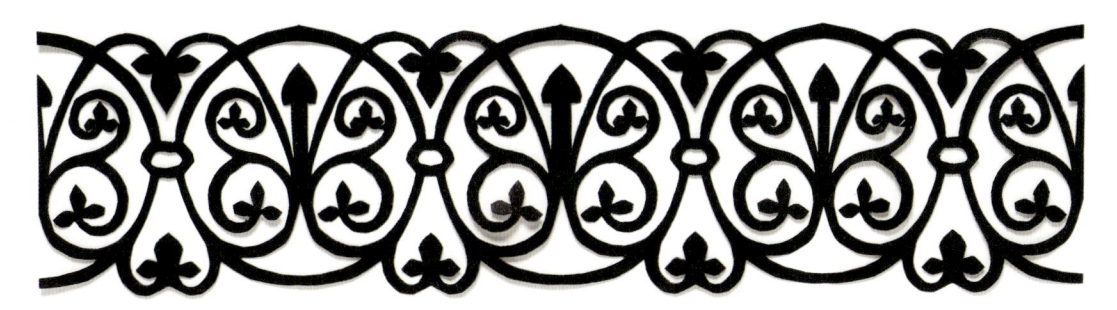

62 — 植物文様1

トランプのクローバーのような葉文様はフォイルと呼ばれ、ゴシック建築に多用されました。この植物文様はそれ以前のものですが、ヨーロッパらしい趣が漂うのはつるの先の三つ葉のためかもしれません。

作り方
● じゃばら折り
　はさみで切ります。
● 紙：色和紙
● 型紙は135ページ

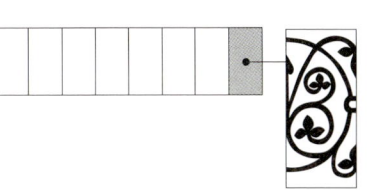

63—植物文様2

印刷技術のない時代、書物は手で書き写され、とりわけ中世ヨーロッパでは美しい装飾がほどこされました。これもギリシャの写本に描かれていたという植物文様です。

作り方
● 四つ折り
　はさみで切ります。
● 紙：色和紙
● 型紙は 135 ページ

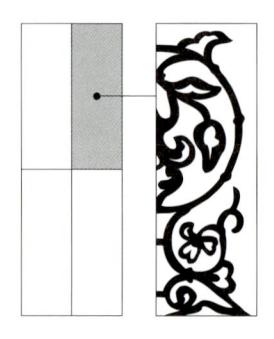

64—植物連続文様

中世ヨーロッパの建築には、鉄ではなく石を彫って造られた格子も少なくありません。イタリア、ラヴェンナに残されたこの連続文様も、壁にはめ込まれた大理石の装飾格子の文様です。

作り方
- じゃばら折り
  はさみで切ります。
- 紙：色和紙
- 型紙は135ページ

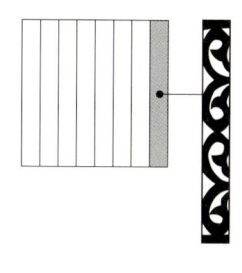

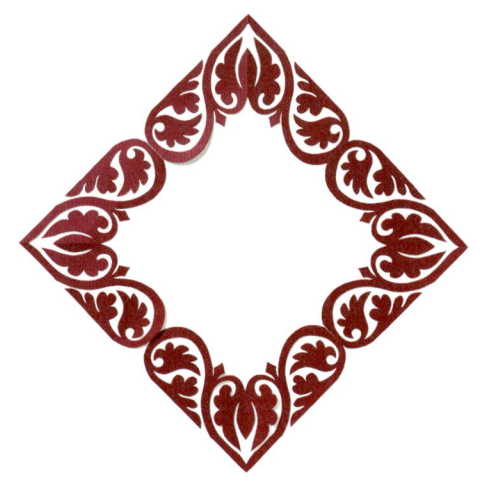

65—植物文様3

9〜12世紀にキリスト教世界に広がったロマネスクの文様は、幾何学的で精密なイスラム文様と比べ、どこかかわいらしい印象も。この11世紀の写本装飾でも茎と葉がハート型を描いています。

作り方
- 二つ折り
  はさみで切ります。
- 紙：色和紙
- 型紙は134ページ

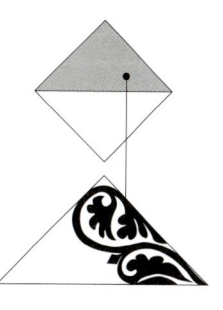

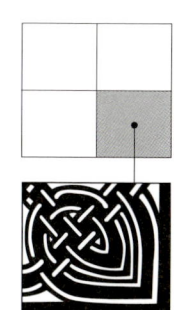

66—ギローシュ

古代からのケルト文化が色濃く残る中世・北ヨーロッパでは、より複雑で込み入った縄編み文様＝ギローシュが目を引きます。途切れることなくからみ合う紐は、永遠を象徴しているとも。

作り方
- 四つ折り
  はさみ、またはカッターを使用。
- 紙：色和紙
- 型紙は135ページ

ルネサンス

ダ・ヴィンチ、ミケランジェロを生んだこの時代、文様にもまた、新しいスタイルが育ちました。

67—ルネサンスの唐草文様1

壷の中から唐草が伸びている文様は、ルネサンスで盛んに使われたもののひとつ。その唐草に動物や人間まで絡んだ独特のスタイル、グロテスク文様が生まれたのもこの時代です。

作り方
● 二つ折り
　はさみで切ります。
● 紙：金の色紙など
● 型紙は 136 ページ

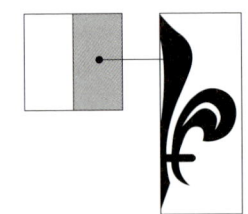

68—百合

フルール・ド・リス＝百合の花文様は、フランスのブルボン家の紋章として知られますが、ルネサンス期のヨーロッパでも、しばしばブルボン家とのつながりを示すために描かれました。

作り方
● 二つ折り
　はさみで切ります。
● 紙：金の色紙など
● 型紙は 136 ページ

69—ルネサンスの唐草文様2

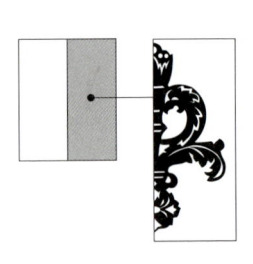

ノルマンディー・ルネサンス様式の華麗なステンドグラス装飾から、切り出しました。アカンサスの葉の先が鷲の頭になっているところは、グロテスク文様ともいえそうです。

作り方
● 二つ折り
　はさみで切ります。
● 紙：金の色紙など
● 型紙は 137 ページ

70—レース文様1

ルネサンスのイタリアでは織物や染色も盛んでした。16世紀に入ると小花文様が流行、北イタリアは後に貴族たちを熱狂させるレースの産地に。その繊細な表情を薄紙に写してみました。

作り方
- ●四つ折り＋二つ折り
  はさみを使用。四つ折りで切った上で、下図のように一部を二つ折り。
- ●紙：包装用の薄紙など
- ●型紙は136ページ

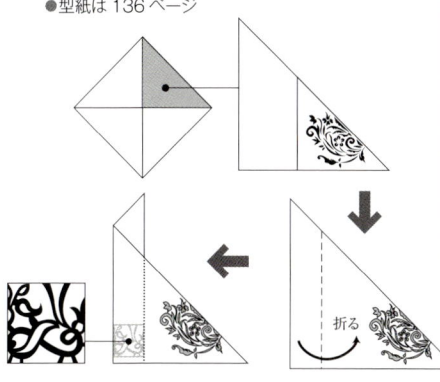

71—レース文様2

ルネサンスの写本の装飾をレース風にアレンジした作品です。次代のバロック風でもあり、どこか19世紀末のアール・ヌーボーの趣も漂う一品になりました。

作り方
- ●4つ折り
  はさみで切ります。
- ●紙：包装用の薄紙など
- ●型紙は136ページ

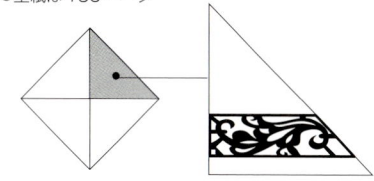

ロココ

軽やかに、優美に曲線が踊る。
フランスの貴婦人に愛された文様たち。

72 — ロカイユ

「ロココ」の語源となったロカイユは、ゆがんだ貝殻を意味します。ゆがんだといっても、あくまで美しく、しなやかな曲線を描いて植物と共に描かれているのがロココ様式です。

作り方
- 二つ折り
  はさみで切ります。
- 紙：色和紙
- 型紙は136ページ

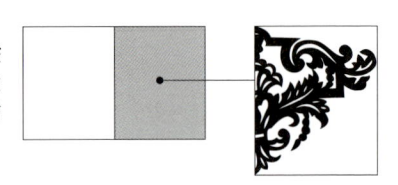

73—カルトゥーシュ

カルトゥーシュとは装飾された「枠」のこと。古代エジプトから銘文などを枠で囲むという様式はありますが、ルネサンス以降のカルトゥーシュはまるで豪奢な額縁のようです。

作り方
- 二つ折り
  はさみで切ります。
- 紙：金の色紙
- 型紙は 137 ページ

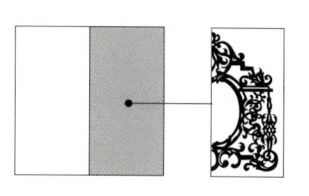

アールヌーボー

大量生産よりも、熟練の手仕事を。
アールヌーボーの理念は現代人の心にも響きます。

奔放に流れる線に
こめられたもの

　19世紀に産業革命が起きると、機械による大量生産品がヨーロッパを席巻し始めます。中には粗悪品も多く、これに危機感をいだいた人々による、芸術・工芸運動―アーツ・アンド・クラフツ運動が英国で起こりました。その旗手が、職人ギルドの復権を唱えたジョン・ラスキンと彼の理論を実践したウィリアム・モリス。室内装飾を中心としたモリスの新芸術は、やがて大陸に及び、アールヌーボーという世紀末の花を咲かせました。

75――飾り罫
作り方は104ページ
型紙は137ページ

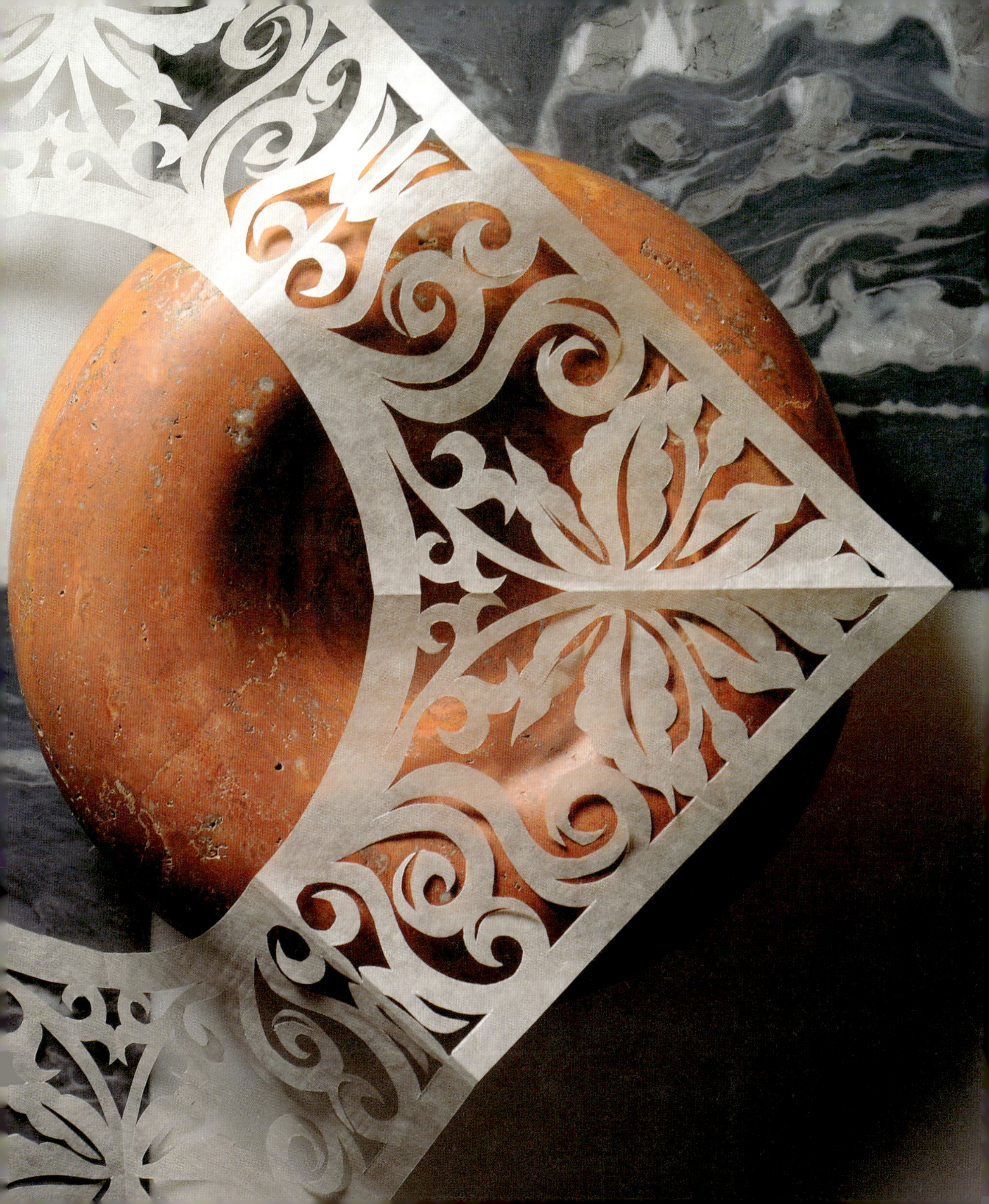

74―ツバメ

日本の花鳥風月画の影響を受け、鳥や昆虫など小さきものへもまなざしがそそがれました。アールヌーボーを代表する宝飾工芸家ルネ・ラリックのブローチは、文様としての美しさも一級品。

作り方
- 二つ折り
  はさみで切ります。
- 紙：金の色紙
- 型紙は136ページ

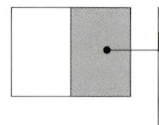

75―飾り罫

奔放に流れる曲線は、アールヌーボー最大の特徴のひとつです。本やポスター、カレンダーといった印刷物に、惜しげもなく凝りに凝った飾り罫が使われました。

作り方
- 四角形折り
  はさみで切ります。
- 紙：雁皮紙
- 型紙は137ページ

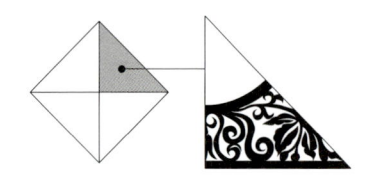

76−79―アールヌーボーの花

華やかなバラや百合ばかりでなく、野花も含めたさまざまな草花が可憐なモチーフになりました。ここに集めた花たちは、ドアノブの飾りや本のイラストなど、日常のデザインとして描かれた図案です。

作り方
- そのまま切る
  はさみを使用。型紙に合わせそのまま切ります。
- 紙：色紙
- 型紙は 137 ページ

民族に伝わる文様

豪華とはいえないけれど、人々の暮らしの中に息づいて、
長く愛されてきた美しさ。民族の伝統に根ざした文様には、
そこにしかない深みと味わいがあります。
遠い国で生まれた形なのに、
どこか懐かしささえ感じるような。

日本の先住民アイヌの人々は、高度に発達した文様文化を受け継いできました。生活のあらゆるものを飾るアイヌの文様は、今も無限のバリエーションを広げています。

83—角盆
84—衣装1
85—衣装2
作り方は **110-112** ページ
型紙は **138** ページ

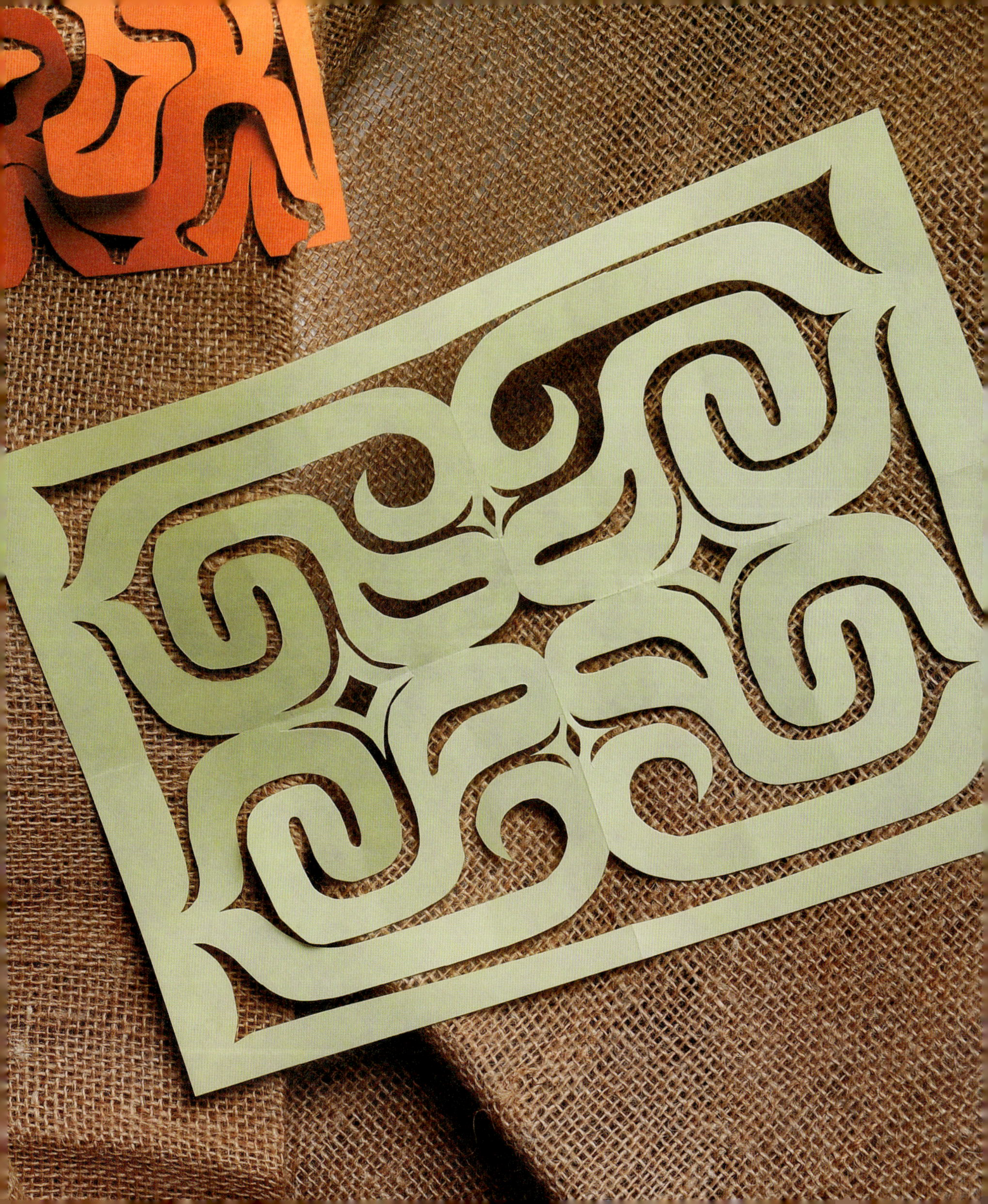

アフリカ

伝統的なのに斬新。素朴でいてシック。
切ることで、アフリカの神秘に近づけるような…。

80—手染め布

ガーナ、アシャンテ州の手染め布アディンクラは、太古からの歴史を持つ伝統工芸。四角形に納められた各モチーフには、魔術や歴史、ことわざにちなんだ名前があるといいます。
作り方
●そのまま切る
　型紙に合わせて、はさみでそのまま切ります。
●紙：色和紙
●型紙は138ページ

81—草ビロード

コンゴの南部にかつて王国として栄えたクバという国。クバの人々がラフィアヤシで作る草ビロードには、無限のバリエーションを持つ幾何学文様が広がっています。

作り方
●そのまま切る
　型紙に合わせて、はさみでそのまま切ります。
●紙：色和紙
●型紙は138ページ

→布の質感はのぞめませんが、紙ならではの色合いで伝統文様がまた違った味わいに。ランチョンマットには、もったいないかもしれません。

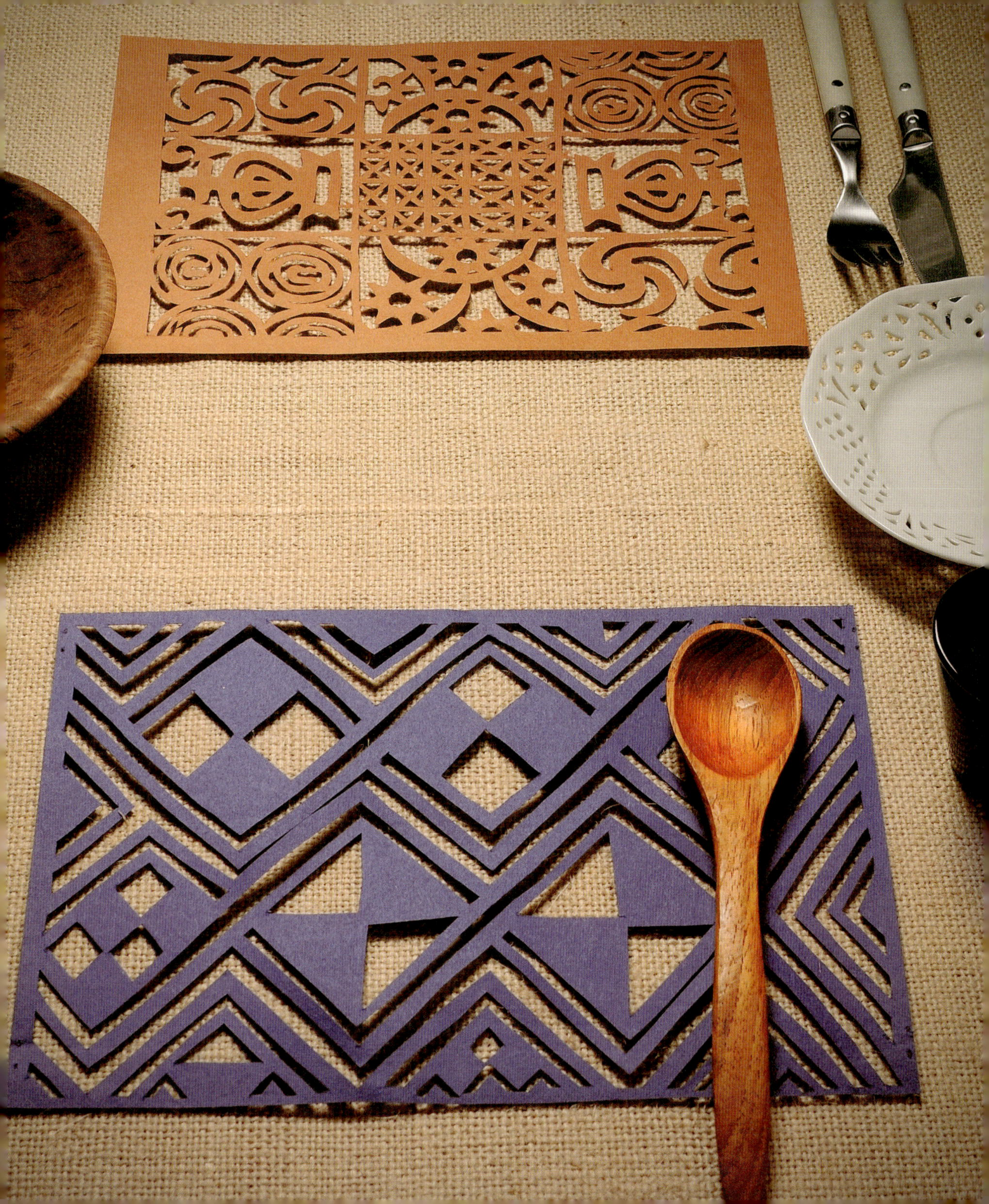

コタンの文様生活

　明治政府の同化政策によって、その伝統が否定されるまで、アイヌ民族は道内各地や樺太で狩猟を中心とする豊かな生活文化を営んできました。アイヌの人々の暮らしは、コタンと呼ばれる村落を基盤として営まれていましたが、コタンでの生活には、文様が満ちあふれていたといいます。服や耳飾りなどのアクセサリー、食器などはもちろんのこと、小刀やキセル、糸巻きまで。布はアップリケと刺しゅうの、器など木製のものは彫刻の伝統文様で飾られていました。中でも針仕事の技法は、祖母から母、娘へと受け継がれる女性たちの伝統だったとか。今では道内に限らず、その美しさに魅せられた手芸作家の手から、新しい作品も生まれています。

上・伝統衣装には、アップリケや刺しゅうの文様がデザインされています。下・白老アイヌ民族博物館に再現・保存された伝統的なコタンの風景。

アイヌ

祖母から母へ、娘へと受け継がれた技法。
渦巻きと括弧が織りなす文様世界に魅せられて。

82 — 丸盆

アイヌ文様の最大の特長は、やはり渦巻き文様。渦巻き文様は他の民族にも見られますが、アイヌでは一重巻あるいは7分巻きのものが主流です。

作り方
●四つ折り
　はさみで切ります。
●紙：色和紙
●型紙は138ページ

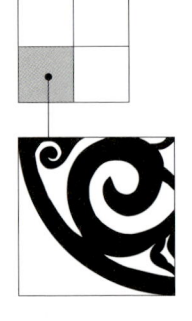

83—角盆

まるで角かトゲが生えたような形もアイヌに特長的な文様。｜の形に似ていることから、一般に括弧（かっこ）文と呼ばれています。

作り方
- ●四つ折り
  はさみで切ります。
- ●紙：色和紙
- ●型紙は 138 ページ

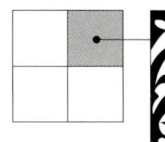

84—衣装1

渦巻きと括弧（かっこ）の組み合わせは、民族衣装でよく見られる代表的なもの。藍（あい）に白、赤が定番ですが、グリーンの紙で、ソフトな表情を出してみました。

作り方
- ●四つ折り
  はさみで切ります。
- ●紙：色和紙
- ●型紙は138ページ

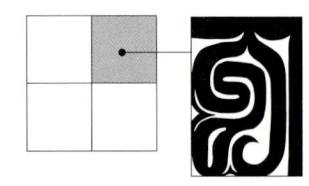

85—衣装2

下絵も見本もなしに縫うのが、アイヌの針仕事の伝統。そのためか、どの文様ものびのびと自由な印象です。渦巻き&括弧（かっこ）が変化した、こんなバリエーションも。

作り方
- ●四つ折り
  はさみで切ります
- ●紙：色和紙
- ●型紙は138ページ

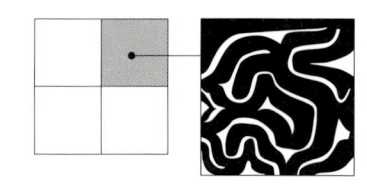

北方民族

くるくると紙を動かすのがおもしろくなるアムール地方ウリチ族の渦巻き文様。

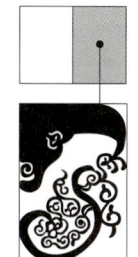

88—渦巻き紋2

こちらもウリチ族の女性の同じ晴れ着から。とんがり屋根の上で時を作っているような鳥のモチーフは、渦巻き文様の翼がチャームポイントです。

作り方
- 一部二つ折り
  はさみを使用。下の部分を二つ折りで切った後、開いて鳥を切ります。
- 紙：上質紙
- 型紙は139ページ

86—渦巻き紋1

ウリチ族の女性用晴れ着の刺しゅうから、牛かトナカイらしき顔とへびの文様を組み合わせました。ウリチ文様には、アイヌ文様にはあまり見かけない動物のモチーフも登場します。

作り方
- 二つ折り
  はさみで切ります。
- 紙：上質紙
- 型紙は139ページ

87—船

ウリチ族は交易のため、サンタン船と呼ばれる船に乗って旅に出たといいます。その木組みの船に描かれたのは、みごとなまでの渦巻き文様。切るのが楽しくなるような曲線です。

作り方
- 二つ折り
  はさみで切ります。
- 紙：上質紙
- 型紙は139ページ

南太平洋の島々

大きな口にまんまるな瞳。南の島では
神様も、武器も、そこはかとなくユーモラス。

89—ココツラ

ニューギニア島東沖のブーゲンヴィル島ではカヌーが生活必需品。その櫂（かい）に彫られているのがココツラと呼ばれる像です。なんとも愉快なその姿を連続文様にしてしまいました。

作り方
- じゃばら折り
  カッターで切ります。
- 紙：色和紙
- 型紙は139ページ

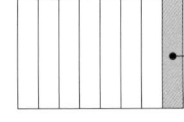

90—盾

かつてニューギニアでは、日常のもめごとから戦争になることもしばしばだったとか。とはいえ、それは多分に儀式的な戦争。盾に掘られた「威嚇顔」には、どこか愛嬌を感じてしまいます。

作り方
- 二つ折り
  カッター、またははさみで切ります。
- 紙：タント紙
- 型紙は140ページ

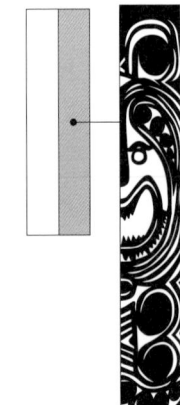

91—ティキ

ポリネシア一帯で、彫像や装飾、布の柄として親しまれている神様ティキ。いかつい像もありますが、ニューカレドニアでパレオの柄になっていたティキは、気の良さそうな神様です。

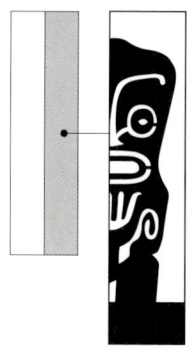

作り方
- 二つ折り
  カッター、またははさみで切ります。
- 紙：マーメイド紙
- 型紙は140ページ

115

ハワイ

布を折って切る技法が特徴のハワイアンキルト。
まるで切り紙のために作られたような文様です。

92—ハイビスカス

ハワイアンキルトは、19世紀に伝えられたキルトが独自に発達したもの。白人のキルトとは異なる「折って切る」技法には、ロコたちのプライドがこめられているともいわれます。

作り方
- 四角形折り
  はさみを使用。型紙の向きを間違えないよう注意してください。
- 紙：色和紙
- 型紙は140ページ

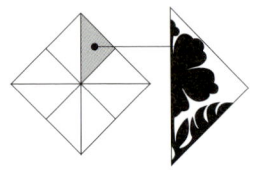

93—パームツリー

一見、複雑には見えないのに、開いてみると、堂々たるパームツリーの木立に。一般のアメリカンキルトとは一線を画し、芸術の域にまで発展したと称されるのもうなづけます。

作り方
- ●四角形折り
  はさみを使用。型紙の向きを間違えないよう注意してください。
- ●紙：色和紙
- ●型紙は 140 ページ

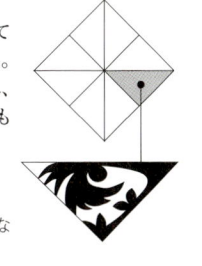

94—パイナップル

南国ならではのモチーフも、ハワイアンキルトの魅力。大きな葉の元に実ったパイナップルは、お店に並んだ姿しか知らない人には描けません。

作り方
- ●四角形折り
  はさみを使用。型紙の向きを間違えないよう注意してください。
- ●紙：色和紙
- ●型紙は 140 ページ

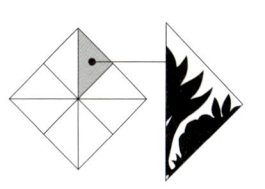

95—モンステラ

日本では鉢植えの観葉植物として人気のモンステラも、ハワイでは自生して、花も実もつけるのだとか。その風景に想いを馳せつつ、きれいなグリーンの紙で切りました。

作り方
- ●四角形折り
  はさみを使用。型紙の向きを間違えないよう注意してください。
- ●紙：色和紙
- ●型紙は 140 ページ

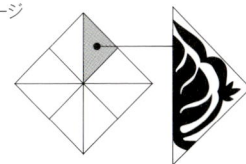

アメリカ大陸

北米やパナマ、アンデス地方でも
生活道具は文様の宝庫。
モチーフの主役は、
植物と身近な動物たちです。

軽くて扱いやすいかごは、南北アメリカでも愛用されてきたのでしょう。北アメリカの先住民やメキシコのかごに残る、表情豊かな花や植物の編み込み文様。生活の中で磨かれた、シンプルな美しさがあります。

96—花重ね文様

作り方
- ●五角形折り
  はさみで切ります。
- ●紙：色和紙
- ●型紙は141ページ

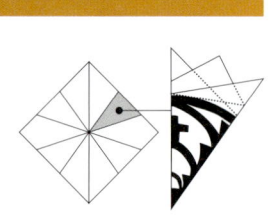

97—花文様

作り方
- ●五角形折り
  はさみで切ります。
- ●紙：色和紙
- ●型紙は141ページ

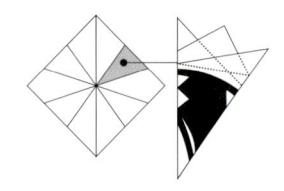

98—花文様

作り方
- 五角形折り／十角形折り
  はさみを使用。五角形折りで中心側を切ってから、半分にして十角形折りで外周の花びらを切ります。
- 紙：色和紙
- 型紙は 141 ページ

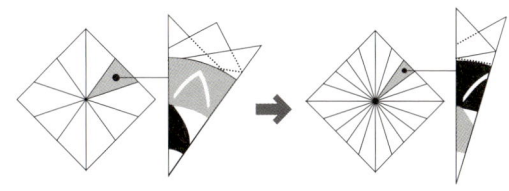

99—花重ね文様

作り方
- 五角形折り
  はさみで切ります。
- 紙：色和紙
- 型紙は 141 ページ

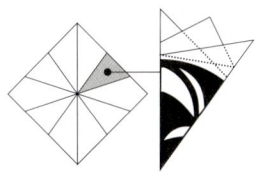

100—サボテン

作り方
- 五角形折り
  はさみを使用。五角形折りで切り、開いた後、不要な部分を切り落とします。
- 紙：色和紙
- 型紙は 141 ページ

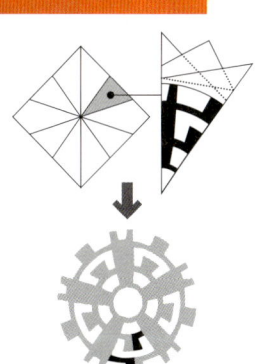

101—ヘビ

チャンカイ文化の袋に編み込まれた、へびのジグザグストライプ。チャンカイは、11世紀からスペイン人の侵入まで続いたアンデス地方の民族文化です。

作り方
- ●そのまま切る
  型紙に合わせて、カッターでそのまま切ります。
- ●紙：マーメイド紙など
- ●左の図案をお好きな大きさに拡大コピーしてご利用ください。

102—ワニ

まるでポップアートのような表現は、6〜11世紀のパナマのコクレ様式。パナマメガネカイマンという名前の種類もいますが、中米の熱帯地域ではワニは恐ろしくも身近な存在なのでしょう。

作り方
- ●そのまま切る
  型紙に合わせて、カッターはさみでそのまま切ります。
- ●紙：マーメイド紙など
- ●右の図案をお好きな大きさに拡大コピーしてご利用ください。

103—ウミツバメ

ナスカ文化の土器に生き生きと描かれたウミツバメを切り出しました。謎の地上絵を描いた人たちは、こんなセンスの良さも持ち合わせていたのですね。

作り方
- ●そのまま切る
  型紙に合わせて、カッターかはさみでそのまま切ります。
- ●紙：マーメイド紙など
- ●左の図案をお好きな大きさに拡大コピーしてご利用ください。

104—鳥文様

ペルーはチムー文化という11〜15世紀頃の文化に残された衣服の文様。中央にいるのは鳥を捕まえた猫でしょうか。それとも鳥に挟み撃ちされているのか…。物語が浮かんできそうな図案です

作り方
- 二つ折り
  はさみで切ります。
- 紙：色和紙
- 型紙は141ページ

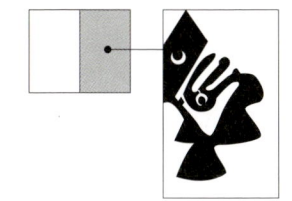

105—トウモロコシ

チャンカイ文化のつづれ織に折り込まれたトウモロコシは、幾何学的な表現がとてもモダンな印象。ちなみにアイデス地方ではトウモロコシは、食用よりもむしろお酒の原料だったとか。

作り方
- そのまま切る
  型紙に合わせて、カッターかはさみでそのまま切ります。
- 紙：マーメイド紙など
- 右の図案をお好きな大きさに拡大コピーしてご利用ください。

106—豆

作り方
ナスカの壺には、こんなかわいい豆文様も使われています。シンプルな図案ですが、内側の空間に別の色の紙を貼り付けたり、いくつも並べるとおしゃれなテキスタイルのようになります。

作り方
- 二つ折り
  はさみで切ります。
- 紙：色和紙
- 型紙は140ページ

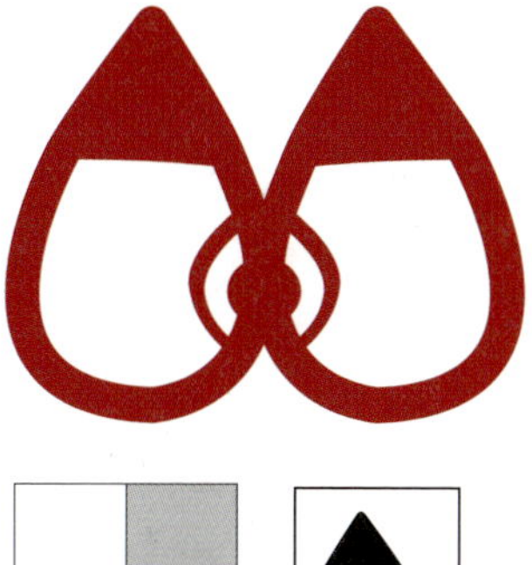

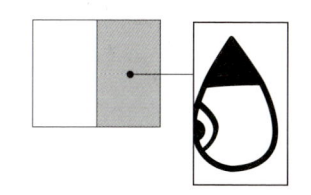

107—トウガラシ

南米の味といえば、ハバネロやハラペーニョといった辛みの強いトウガラシ。土器の壺にはトウガラシ柄もあり、1500年以上前のナスカの人々も、激辛味がお好きだったようです。

作り方
- そのまま切る
  型紙に合わせて、カッターかはさみでそのまま切ります。
- 紙：マーメイド紙など
- 左の図案をお好きな大きさに拡大コピーしてご利用ください。

※ 84ページの保温マグに使える図案です。マグの
　大きさに合わせ拡大コピーしてお使いください。

108—コヨーテ

北米アリゾナ州南部やメキシコ
でおなじみの動植物といえば、
コヨーテとサボテン。先住民の
かごにも、遠吠えのコーラスが
聞こえてきそうな文様が。

作り方
●そのまま切る
　型紙に合わせて、カッターかは
　さみでそのまま切ります。
●紙：マーメイド紙など
●右の図案をお好きな大きさに拡
　大コピーしてご利用ください。

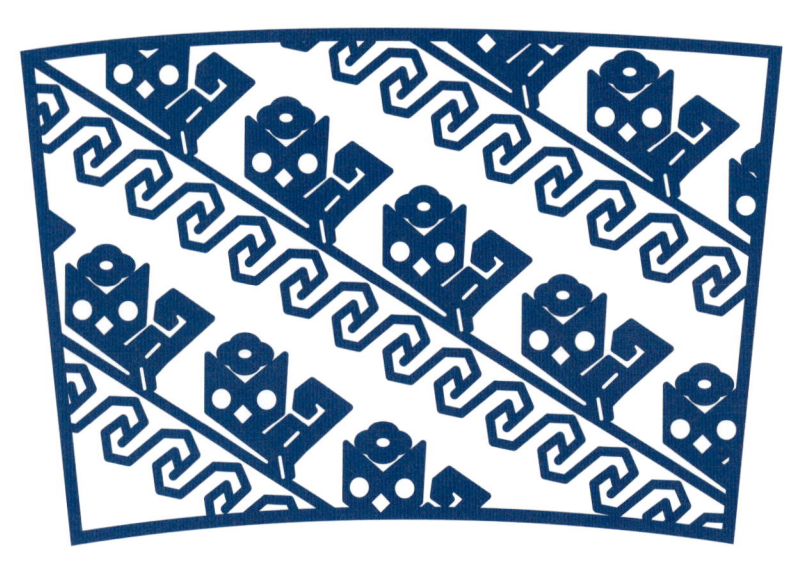

109—猫

ペルー、チャンカイ文化の布に
織り込まれた動物は、普通の
愛らしい猫にしか見えませんが
…今では希少なアンデスネコな
のかもしれません。

作り方
●そのまま切る
　型紙に合わせて、カッターかは
　さみでそのまま切ります。
●紙：マーメイド紙など
●左の図案をお好きな大きさに拡
　大コピーしてご利用ください。

コピーして使える
型紙集

- 型紙はお好みのサイズに拡大コピーしてお使いください。
- 型紙を使って切る方法は14〜15ページに掲載されています。

■ 古代の文様―古代エジプト ［p.26-28］

1―目

3―ロータス1

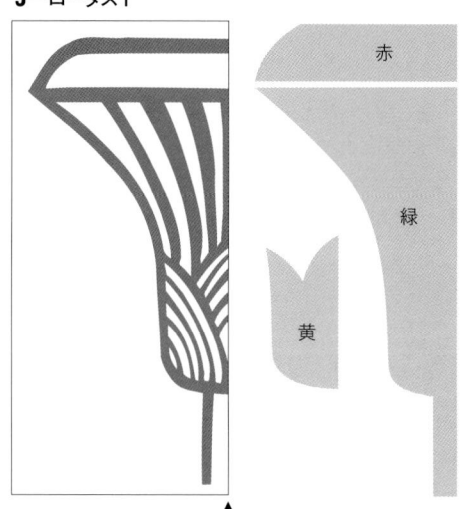

赤
緑
黄

2―フクロウ1

5―スカラベ

6―ロータス2

4―フクロウ2

124

■ 古代の文様—メソポタミア／古代ギリシア・ローマ ［p.29-33］

9—有翼の獅子

10—ロータス

7—ロゼット1

8—ロゼット2

11—グリフィン

125

■ 古代の文様—古代ギリシア・ローマ ［p.33-36］

12—イルカ

14—パルメット2

13—パルメット1

中に足した色　中心の丸

15—スヴィスティカ（卍）

17—メアンダー

■ 古代の文様—古代ギリシア・ローマ／ナスカ　　■ アジア文様—インド　[p.36-37／p.40]

16—ギローシュ

18—コンドル

19—タントラアート1
(1) 十二角形折り
(2) 十六角形折り
　　（八角形折りの半分）
(3) 六角形折り

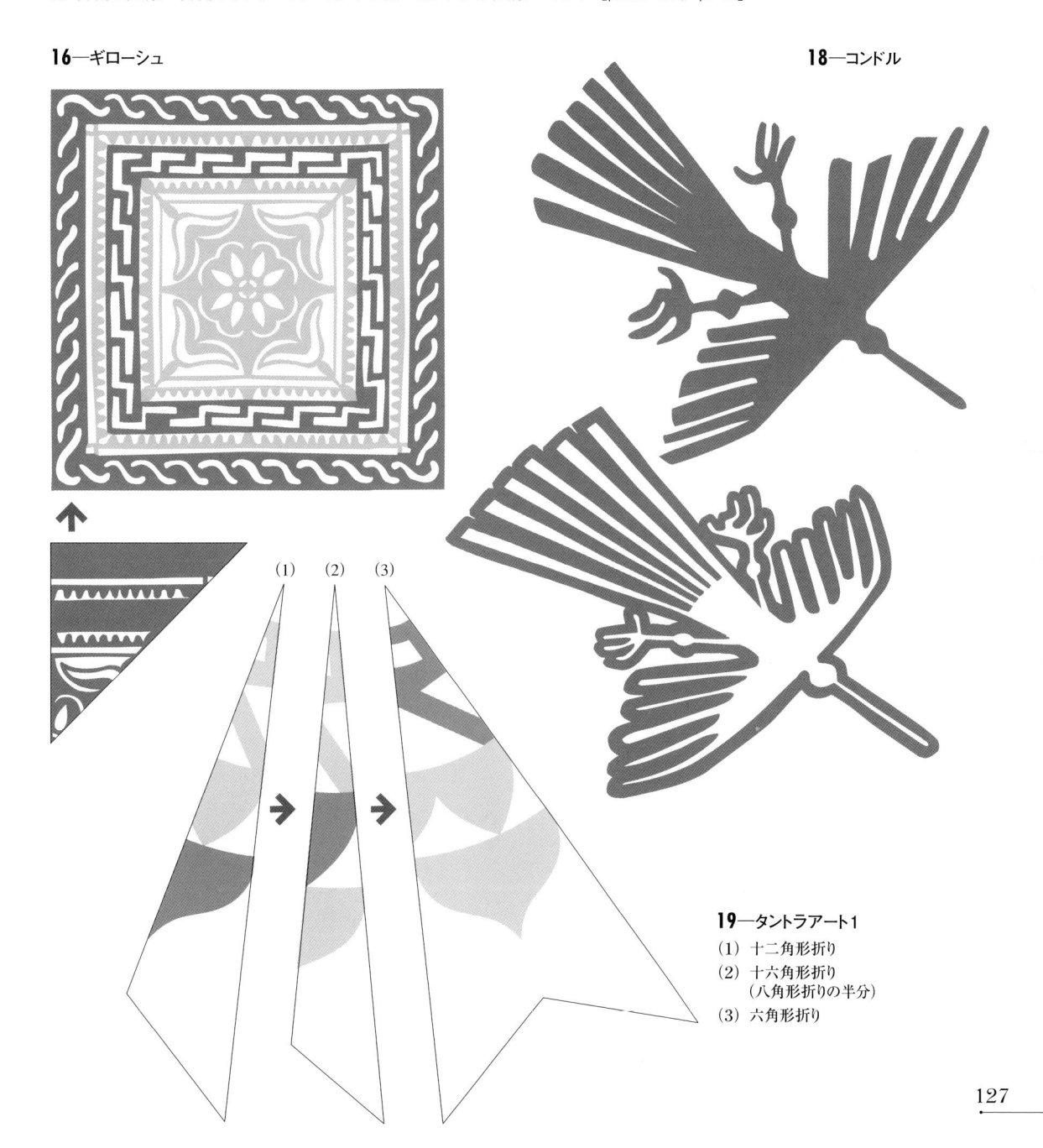

■ アジアの文様―インド [p.41-44]

25―タージ・マハル1

20―タントラアート2
(1) 十六角形折り
    （八角形折りの半分）
(2) 八角形折り
(3) 六角形折り

(1) (2) (3)

24―蓮花文様4

21―蓮花文様1

22―蓮花文様2

23―蓮花文様3

■ アジアの文様―インド／ベトナム／ネパール ［p.44-45／50］

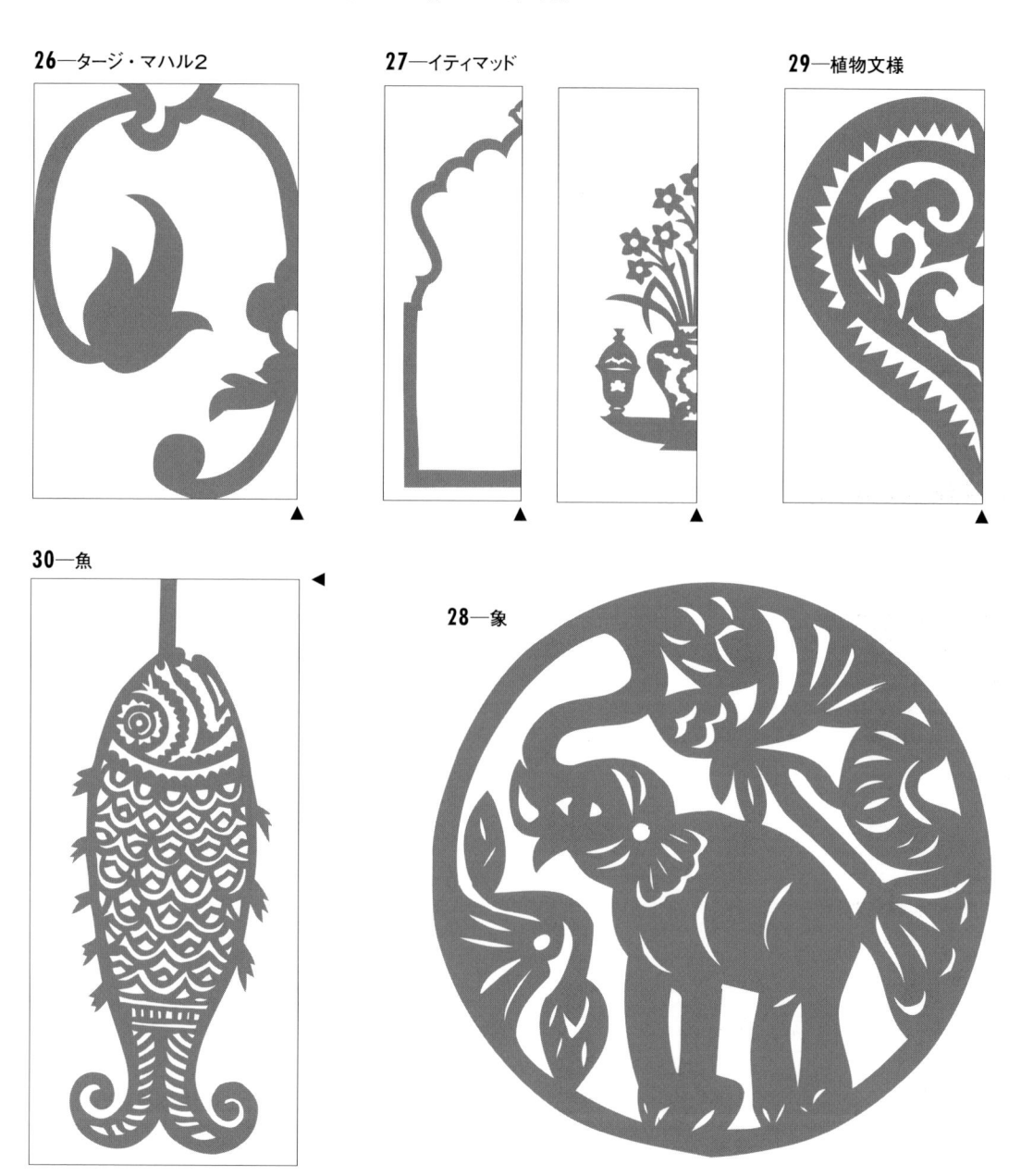

26―タージ・マハル2

27―イティマッド

29―植物文様

30―魚

28―象

129

■ アジアの文様—中国／韓国 [p.54-59]

31—円寿1

32—円寿2

33—双喜1

34—双喜2

35—五福臨門
最初に五角形折りでAを切った後、一度開いて二つ折りにし、Bを切る。

39—雲文

40—雷文

■ アジアの文様—中国／韓国　[p.57-61]

36—龍

37—鳳凰

45—太極八卦

青

赤

黄

緑

41—波頭文

38—盤長（ばんちょう）

■ アジアの文様―韓国／日本 ［p61／64-69］

42―格子文様1

46―ぽち袋1

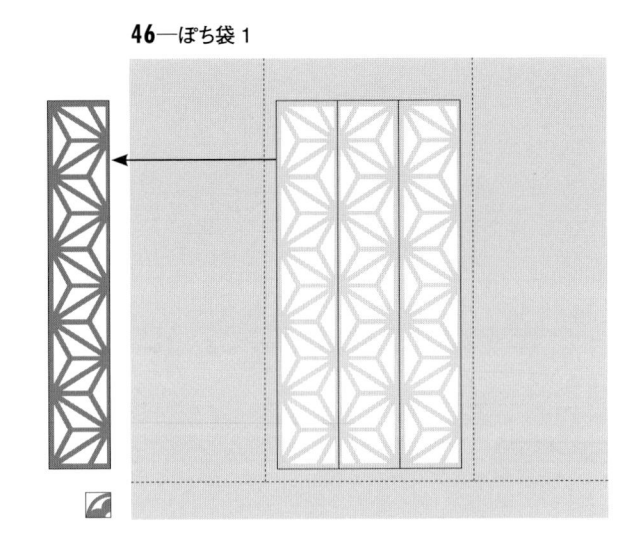

50―夏草―沢潟（おもだか）

52―扇

53―鶴

持ち手の部分は、開いてから切る

47—ぽち袋 2

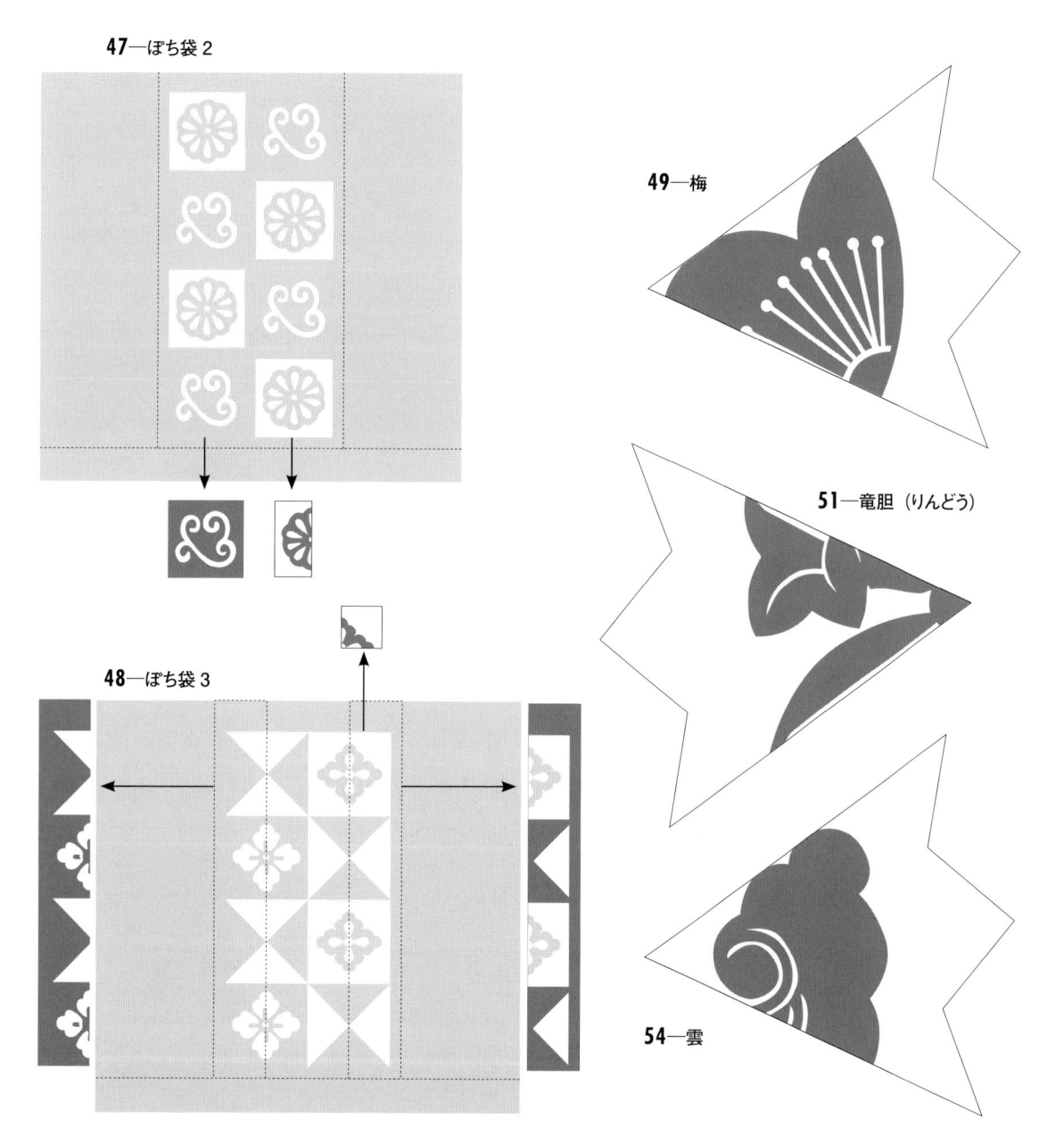

48—ぽち袋 3

49—梅

51—竜胆（りんどう）

54—雲

133

■ 古代の文様―日本　■ オリエントの文様　■ ヨーロッパの文様 ―ビザンチン・中世　[p69／89-91／94／97]

56―幾何学文様1

57―幾何学文様2

58―アラベスク

55―雷

65―植物文様3

59―アカンサス

■ ヨーロッパの文様―ビザンチン・中世 ［p94-97］

60―鳩

鳩の頭部は、開いてから切る。

61―双獣文

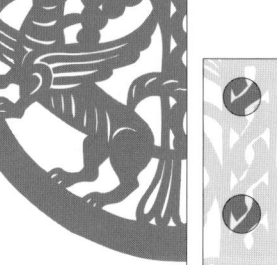

62―植物文様1

64―植物連続文様

63―植物文様2

66―ギローシュ

縄状の部分は、後で切る。

■ ヨーロッパの文様―ルネサンス／アール・ヌーボー ［p98-99／104］

67―ルネサンスの唐草文様1

72―ロカイユ

74―ツバメ

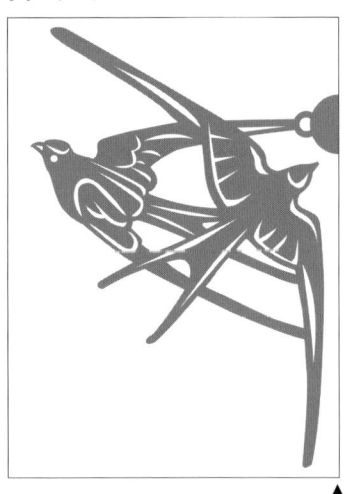

68―百合

70―レース文様1

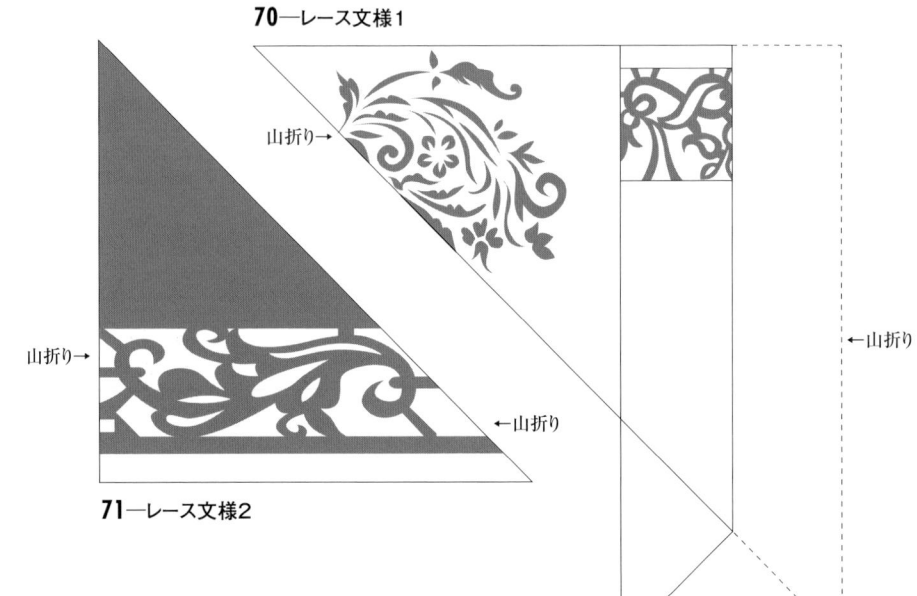

山折り→
←山折り
山折り→
←山折り

71―レース文様2

■ ヨーロッパの文様―ルネサンス／アール・ヌーボー ［p98／101／104-105］

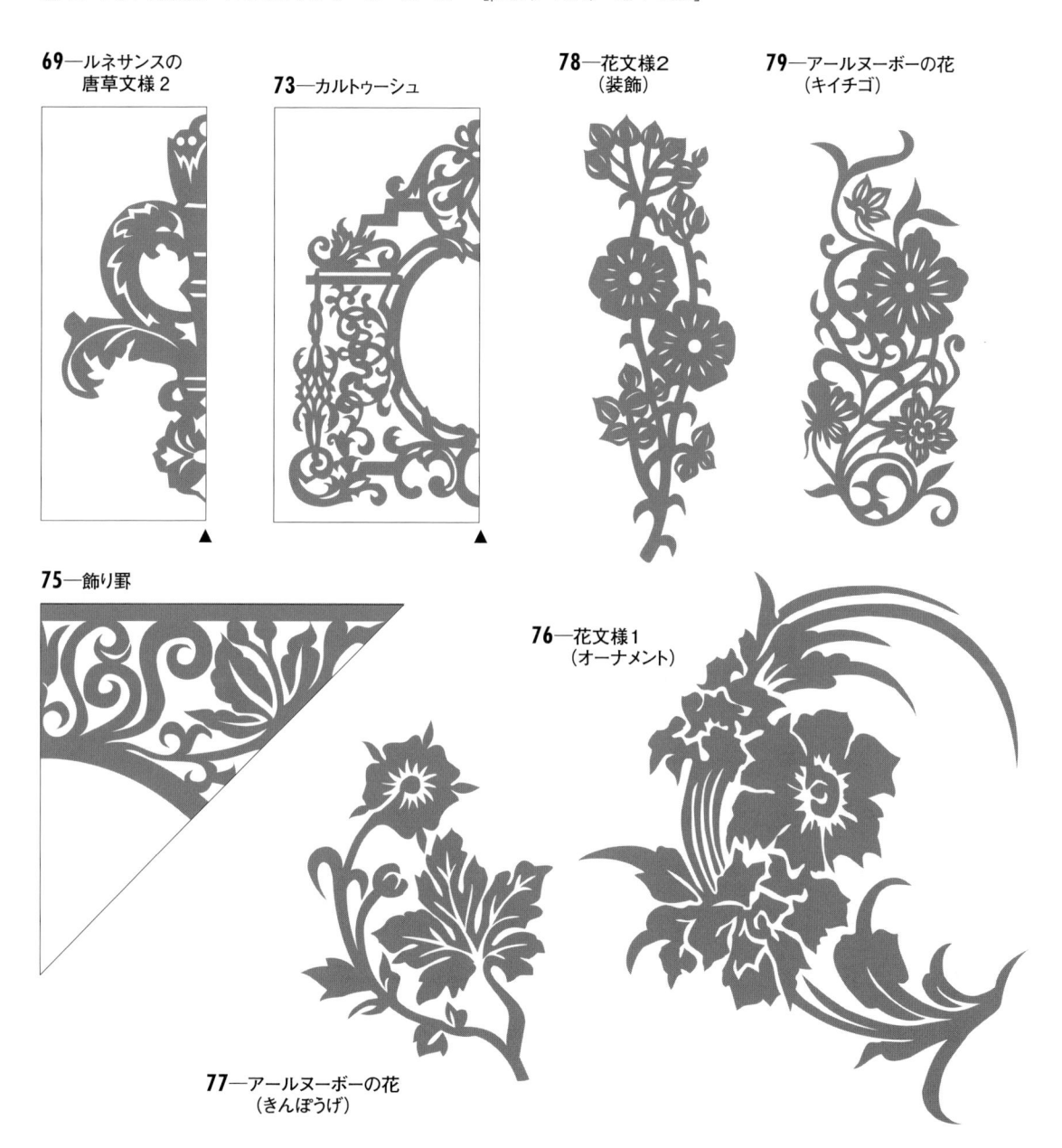

69―ルネサンスの唐草文様2

73―カルトゥーシュ

78―花文様2（装飾）

79―アールヌーボーの花（キイチゴ）

75―飾り罫

76―花文様1（オーナメント）

77―アールヌーボーの花（きんぽうげ）

■ 民族に伝わる形―アフリカ／アイヌ［p108-112］

80―手染め布

81―草ビロード

82―丸盆

83―角盆

84―衣装1

85―衣装2

点線部分に、切込みを入れる。

■ 民族に伝わる形—北方民族／ポリネシアの島々 [p114-115]

86—渦巻き紋1（牛）

88—渦巻き紋2

89—ココッラ（ニューギニア）

87—船

■ 民族に伝わる形—ポリネシアの島々／南アメリカ ［p114-121］

90—盾　　**91**—ティキ　　**101**—ヘビ

95—モンステラ
←山折り
山折り→
←山折り
山折り→

92—ハイビスカス
←山折り
山折り→
←山折り
山折り→

93—パームツリー

94—パイナップル

106—豆

140

■ 民族に伝わる形—南アメリカ［p118-121］

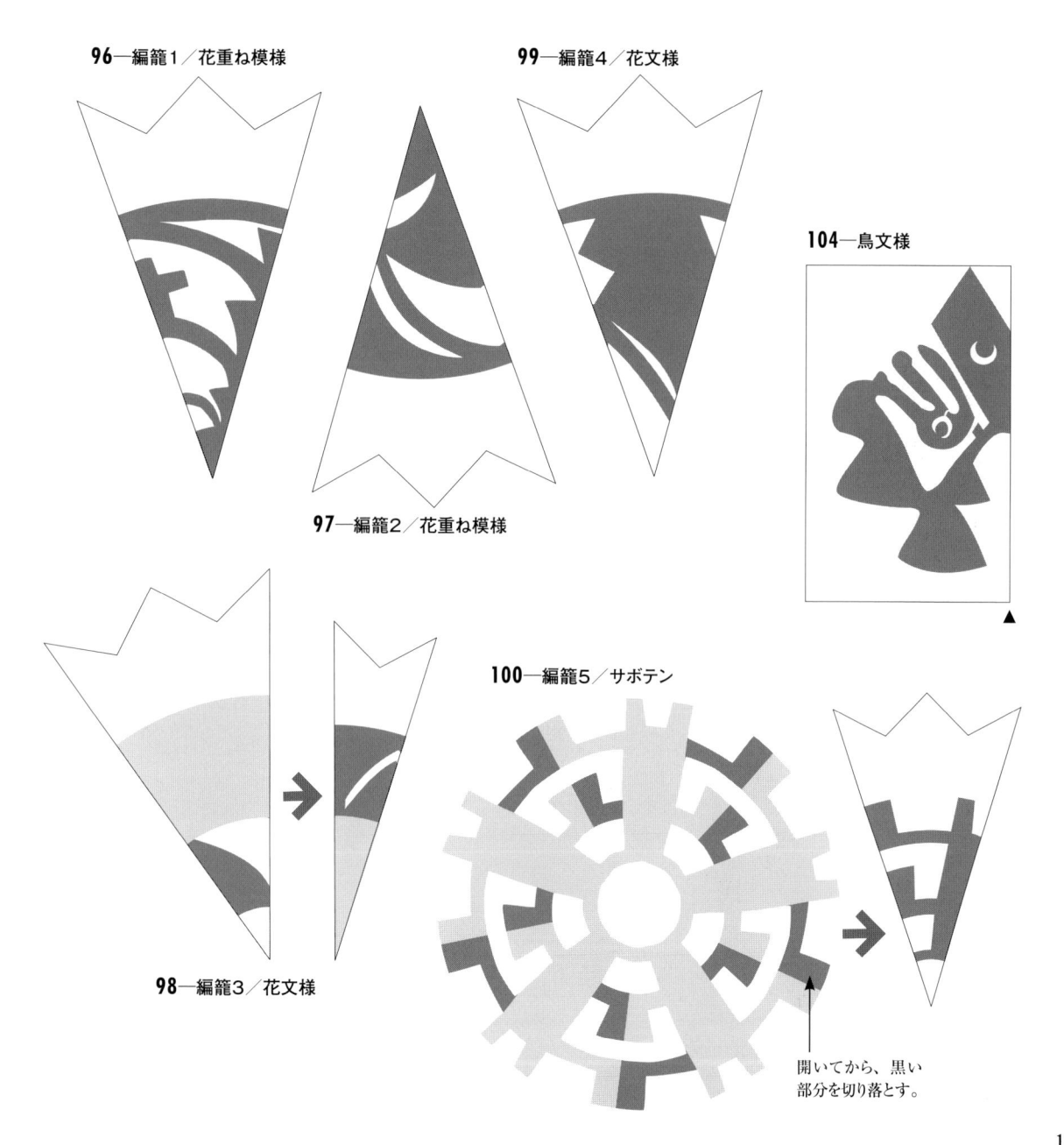

96—編籠1／花重ね模様

99—編籠4／花文様

104—鳥文様

97—編籠2／花重ね模様

98—編籠3／花文様

100—編籠5／サボテン

開いてから、黒い部分を切り落とす。

141

参考書籍

『世界装飾図集成Ⅰ～Ⅳ』A.ラシネ著, マール社, 1976年
『ヨーロッパの文様事典』早坂優子著, 視覚デザイン研究所, 2000年
『世界の文様1ヨーロッパの文様』小学館, 1991年
『世界の文様2オリエントの文様』小学館, 1992年
『世界の文様4インド・東南アジアの文様』小学館, 1992年
『世界の文様5アメリカ大陸の文様』小学館, 1991年
『岩波美術館 歴史館第2室 太陽王国の遺産』柳宗玄他編, 岩波書店, 1987
『天の鏡 失われた文明を求めて』グラハム・ハンコック／サンサ・ファイーア著, 翔泳社, 1999年
『伝えたい日本の美しいもの 貴道裕子のぽちぶくろ』貴道裕子著, 有限会社スーパーエディション, 2003年
『日本の文様 梅』西村兵部他著, 光琳社出版, 1970年
『日本の文様 扇』源豊宗他著, 光琳社出版, 1979年
『日本の文様 蓮・夏草』河田貞他著, 光琳社出版, 1976年
『日本の文様 秋草』水尾比呂志他著, 光琳社出版, 1979年
『日本の文様 天象』吉田三邦他著, 光琳社出版, 1980年
『日本の文様 鳥・虫』小林武他著, 光琳社出版, 1977年
『アフリカンデザイン クバ王国のアップリケと草ビロード』渡辺公三／福田明男著, 里文出版, 2000年
『アイヌ文様』杉山寿栄男編, 北海道出版企画センター, 1992年（初版1926年）
『アイヌ芸術』金田一京助著, 北海道出版企画センター, 1993年（初版1941～1943年）
『世界民族モノ図鑑』月刊みんぱく編集部, 明石書店, 2004年
『Tantra Art』AJIT MOOKERJEE, RAVI KUMAR Publisher
『African Textiles』Christopher Spring, Crescent Books, 1989
『Alphonse Mucha-The Graphic Works』Ann Bridges, Academy Editions, 1980
『The Art Nouveau Style Book of Alphonse Mucha』David M. H. Kern, Dover Publication, 1980
『The Hawaiian Quilt-The Tradition Continues』Pokalani and John Serrao, Mutual Publishing, 2007

参考情報

和紙●丸山雄進堂
　〒542-0082　大阪市中央区島之内2-6-23
　Tel/Fax：06-6211-6272
　URL：http://www17.ocn.ne.jp/~washi

はさみ研ぎ●源利平　山東
　〒557-0033　大阪市西成区梅南1-8-10
　Tel：06-6651-9546
　URL：http://www.hamono310.com/

著者紹介
上河内美和 (カミコーチ ミワ)

1974年大阪府生まれ。2004年春から2年弱、中国北京に留学。北京滞在中に剪紙を学ぶ。帰国後は、イベントでの剪紙実演や、剪紙体験教室、展覧会で作品を発表するなど剪紙作家として活動中。本書では、世界のさまざまな文様の切り紙作品に挑戦している。

著書
『福をよぶ中国の切り紙　剪紙』
誠文堂新光社, 2008年

撮影	武井哲史
装丁・デザイン	大木美和　西島あすか　前田眞吉（柴永事務所）
編集	山喜多佐知子（ミロプレス）

よりすぐりの伝統文様109点を収録

世界の文様切り紙

2009年7月24日　発　行　　　　　　　　　NDC754.9
2010年6月20日　第2刷

著　者	上河内美和（かみこうちみわ）
発行者	小川雄一
発行所	株式会社誠文堂新光社
	〒113-0033　東京都文京区本郷3-3-11
	（編集）電話 03-5800-3614
	（販売）電話 03-5800-5780
	http://www.seibundo-shinkosha.net/
印刷・製本	図書印刷（株）

©2009 Miwa Kamikouchi　　　　　　　　　　　　Printed in Japan
検印省略
禁・無断転載

落丁・乱丁本はお取り替え致します。

Ⓡ〈日本複写権センター委託出版物〉本書を無断で複写複製（コピー）することは、著作権法上の例外を除き、禁じられています。本書をコピーされる場合は、事前に日本複写権センター（JRRC）の許諾を受けてください。
JRRC〈http://www.jrrc.or.jp〉　E-mail: info@jrrc.or.jp　電話 03-3401-2382〉

ISBN978-4-416-30918-6